Ⓢ新潮新書

橘 玲
TACHIBANA Akira

言ってはいけない

残酷すぎる真実

663

新潮社

まえがき

最初に断っておくが、これは不愉快な本だ。だから、気分よく一日を終わりたいひとは読むのをやめたほうがいい。

だったらなぜこんな本を書いたのか。それは、世の中に必要だから。

テレビや新聞、雑誌には耳触りのいい言葉が溢れている。メディアに登場する政治家や学者、評論家は「いい話」と「わかりやすい話」しかしない。でも世の中に気分のいいことしかないのなら、なぜこんなに怒っているひとがたくさんいるのだろうか。——インターネットニュースのコメント欄には、「正義」の名を借りた呪詛《じゅそ》の言葉ばかりが並んでいる。

世界は本来、残酷で理不尽なものだ。その理由を、いまではたった1行で説明できる。

ひとは幸福になるために生きているけれど、幸福になるようにデザインされているわけではない。

私たちを「デザイン」しているのは誰か？　ひとびとはこれまで、それを神と呼んでいた。だがダーウィンが現われて、「神」のほんとうの名前を告げた。それは〝進化〟だ。

ダーウィンの「危険な思想」は、100年経ってもほとんど理解されなかった。1930年代になってようやくメンデルの遺伝学が再評価され、進化の仕組みが（まがりなりにも）説明できるようになったが、不幸なことにナチスによって誤用され、ユダヤ人やロマ（ジプシー）、精神病者など「遺伝的に劣った種」の絶滅を正当化する優生学になった。悲惨な戦争が終わると、「進化論は自然や生き物の不思議を研究する学問で、知性を持つ人間は別だ」という〝人間中心主義（ヒューマニズム）〟が政治的に正しい態度とされるようになった。

だが1950年代にワトソンとクリックがDNAの二重らせんを発見し、生命の神秘の謎《なぞ》を解く鍵《かぎ》を手に入れたことで、ダーウィンの進化論は大きくヴァージョンアップした。動物行動学（エソロジー）は、チンパンジーなど霊長類の観察を通して、ヒトの生態の多くが動物たちと共通しており、私たちが「特別な種」ではないことを説得力をもって示した。こうして進化生物学・進化心理学が誕生した。

「現代の進化論」は、こう主張した。

身体だけでなく、ひとのこころも進化によってデザインされた。

だとしたら私たちの喜びや悲しみ、愛情や憎しみはもちろん、世の中で起きているあらゆる出来事が進化の枠組のなかで理解できるはずだ。このようにして現代の進化論は、コンピュータなどテクノロジーの急速な発達に支えられ、分子遺伝学、脳科学、ゲーム理論、複雑系などの「新しい知」と融合して、人文科学・社会科学を根底から書き換えようとしている。

もちろんこれは私が勝手にいっていることではなく、専門家であれば常識として誰でも知っていることだ。でも日本ではなぜか、こういう当たり前の話を一般読者に向けて説くひとがほとんどいないし、もしいたとしても黙殺されてしまう。なぜなら現代の進化論が、良識を踏みにじり、感情を逆なでする、ものすごく不愉快な学問だからだ。

古代社会では、不幸な知らせを伝えた使者は斬首《ざんしゅ》された。これはいまでも同じで、集団にとって不愉快なことをいう者は疎《うと》んじられ、排斥《はいせき》されていく。みんな見たいものだけを見て、気分のいいことだけを聞きたいのだから、知識人（すなわち賢いひとたち）が知らないふりをするのは、正しい大人の態度なのだろう。

だが「言ってはいけない」とされている残酷すぎる真実こそが、世の中をよくするために必要なのだ。この不愉快な本を最後まで読めば、そのことがわかってもらえるだろう。

なお、本書で述べたことにはすべてエビデンス（証拠）がある。より詳しく知りたい方は巻末の文献一覧を参照してほしい。本文で説明が不十分なところはコラムで補ったが、煩瑣《はんさ》に思われるなら本文のみを先に読んでいただきたい。

言ってはいけない　残酷すぎる真実　∞　目次

5 反社会的人間はどのように生まれるか　93

Ⅱ

8 男女平等が妨げる「女性の幸福」について　149

9 結婚相手選びとセックスにおける残酷な現実　166

10 女性はなぜエクスタシーで叫ぶのか？　179

I

努力は遺伝に勝てないのか

1 遺伝にまつわる語られざるタブー

親から子へと外見や性格が遺伝することは昔から知られていた。背の高い親の子どもが長身なのは当たり前で、せっかちな子どもを「親に似たのね」と評するのもごく自然だ。

その一方で、「トンビがタカを生む」という諺《ことわざ》があるように、親とはちがう形質を持つ子どもが生まれることもわかっていた。しかしそこにも一定の範囲があり、顔かたちから性格までなにもかも違うと、ほんとうの親子なのか疑われることになる。

ここまでは常識で、私たちはみんな遺伝について漠然とした知識を持っている。だが、そこから先を考えてみたことはあるだろうか。

子どもは親を選べないのだし、もって生まれたものでなんとかやっていくしかない――これはまっとうな人生観だが、それがいま大きく揺らいでいる。遺伝をめぐる自然科学の急速な進歩は、これまで想像もできなかった難題を私たちに突きつけている。

馬鹿は遺伝なのか

遺伝についての次の文を読んで、どう感じるだろうか。

①やせた親からはやせた子どもが生まれる
②太った親からは太った子どもが生まれる

いずれも体型が遺伝的なものだと述べているが、①には抵抗がなくても②には引っかかりを覚えるひともいるだろう。

このことは、次の例だとよりはっきりする。

③親が陽気なら子どもも明るい性格に育つ
④親が陰鬱だと子どもも暗い性格に育つ

どちらも性格と遺伝について述べているが、③と④では印象がまるで違うはずだ。だがこれは、「性格は遺伝する」ということを異なる例で説明しているだけだ。

同じ話でも受け止め方にちがいが生じるのは、私たちの社会に暗黙の規範があるからだ。

「スリムな女性は美しい」という規範は、言外に「太っている女性は醜《みにく》い」と告げている。「子どもは明るく元気であるべきだ」という規範は、「暗くて地味な子どもには問題がある」という規範を内包している。そして私たちは、これも暗黙のうちに、規範からの逸脱（太っている女性や暗い子ども）を遺伝のせいにしてはならないと思っている。なぜなら、体型や性格に遺伝の影響があるとしても、それは本人の努力や親が与える環境によって乗り越えられるはずだから。

「すべてが遺伝で決まるのなら、努力は無駄になってしまう。それでは頑張っているひとが可哀想だ」——この論理《ロジック》に、多くのひとは同意するだろう。だが考えてみれば、これはずいぶん残酷な話だ。

太っている女性には「やせるべきだ」という社会的圧力が、暗い子どもには「明るくなれ」という教育的圧力が加えられている。そして彼ら／彼女らは、ゆたかな社会と恵まれた環境のなかで、自らの「失敗」をなにかほかのもののせいにすることが許されない。家族や友人、教師や会社の上司・同僚の「善意」の励ましは、どれほど努力してもやせられない女性や、明るくなれない子どもをこれ以上ないほど深く傷つけるのだ。

遺伝についての詳しい話はあとまわしにして、もうすこし「思考実験」を続けてみよう。

次の3つの文をどう感じるだろうか。

①スポーツ選手の子どもは運動が得意だ
②音楽家の子どもは歌がうまい
③大学教授の子どもは頭がいい

体型や性格と同様に能力も遺伝することが知られているから、どれも当たり前の話で違和感はないかもしれない。だが同じことを逆の立場で説明すると、ちがいがはっきりわかる。

④子どもが逆上《さかあ》がりができないのは親が運動音痴《おんち》だからだ

⑤ 子どもの歌が下手なのは親が音痴だからだ
⑥ 子どもの成績が悪いのは親が馬鹿だからだ

④と⑤はほとんどの場合、笑い話で済まされるだろうが、⑥は公には口にしてはならないとされている。だが運動神経や音楽の才能と同様に知能も遺伝するのなら（だから大学教授の子どもは頭がいい）、それを別の仕方で語ることが許されないのはおかしい。もうおわかりのように、ここにも暗黙の強い社会的規範が働いている。逆上がりができなかったり、歌が下手だったりするのは、私たちの社会ではどうでもいいことだから、個性のひとつとして容認される。だが成績（知能）は子どもの将来や人格の評価に直結するから、努力によって向上しなければならないのだ。

学校教育では、すべての子どもによい成績を獲得するようがんばることが強制されている。もしも知能が遺伝し「馬鹿な親から馬鹿な子どもが生まれる」のなら、努力は無駄になって「教育」が成立しなくなってしまう。だからこそ、自然科学の研究成果とは無関係に、「（負の）知能は遺伝しない」というイデオロギー（お話）が必要とされるのだ。

一般知能はIQ（知能指数）によって数値化できるから、一卵性双生児と二卵性双生児を比較したり、養子に出された一卵性双生児を追跡することで、その遺伝率をかなり正確に計測できる。こうした学問を行動遺伝学というが、結論だけを先にいうならば、論理的推論能力の遺伝率は68％、一般知能（IQ）の遺伝率は77％だ。[1] これは、知能のちがい（頭の良し悪し）の7～8割は遺伝で説明できることを示している。

どれほど努力しても逆上がりのできない子どもはいるし、訓練によって音痴が矯正《きょうせい》できないこともある。それと同じように、どんなに頑張っても勉強できない子どももいる。だが現在の学校教育はそのような子どもの存在を認めないから、不登校や学級崩壊などの現象が多発するのは当たり前なのだ。

依存症・精神病は遺伝するのか

がんや糖尿病などには遺伝的な要因が強く影響していることがわかっている。体型や性格、能力と同様に体質（病気）もまた遺伝するからだ――ここまではほとんどのひとが医学の成果として受け入れ、だからこそ遺伝子治療の進展に期待するのだろう。

病気には身体的な疾患《しっかん》のほかにこころの病（精神疾患）もある。では、次のような文をあなたはどう感じるだろうか。

① アルコール中毒は遺伝する
② 精神病は遺伝する
③ 犯罪は遺伝する

ここでは①から③に向かって社会的タブーが強くなるよう並べてある。③にいたっては、一般にはまず見かけることのない主張だ。だが犯罪と遺伝の関係は、精神医学の専門書では頻繁《ひんぱん》に言及されている。

依存症（アルコール中毒）、統合失調症（精神病）、反社会性パーソナリティ障害（犯罪）に遺伝がどうかかわるのかも、行動遺伝学者によって1960年代から研究されてきた。そこでは、精神疾患（ひとのこころのネガティブな側面）にも遺伝が強く影響していることが繰り返し確認されている。

ここで、なぜこんな不愉快な研究をするのか疑問に思うひとがいるかもしれない。だが、次のように考えてみたらどうだろう。

依存症から身を守るもっとも効果的な方法は、アルコールやドラッグなどの薬物に手を出さないことだ。依存症が遺伝なら、子どもには自分の遺伝的脆弱性《ぜいじゃくせい》（アルコール中毒になりやすい）をあらかじめ知識として教えることができる。

アルコール中毒者は酒に対する適性がきわめて高く、最初のうちは飲めば飲むほど気持ち良くなっていく。だが「このくらいなら大丈夫」と大酒を繰り返すうちに一線を越え、やがてはベッドから起き上がるためだけに大量のアルコールが必要になって、最後は廃人と化してしまうというのが典型的なパターンだ。

大学生になれば酒を勧められる機会も増えるだろうが、そのとき正しい知識があれば、「自分には遺伝的に大きなリスクがある」と説明してきっぱり断ることもできる。あるいは依存症と遺伝の関係が社会に周知されていれば、遺伝的脆弱性のある友人や部下に無理に酒を飲ませようとはしないだろう。薬物に接触しなければ依存症になることはないのだから、そのような環境を社会がつくってあげればいいのだ。

依存症が遺伝することを受け入れるひとでも、統合失調症のような精神病の遺伝については強く拒絶するにちがいない。それは、遺伝が精神病者に対する差別の正当化に使われてきた不幸な歴史があるからだ。ナチスの唱えた優生学では、ユダヤ人やロマ（ジプシー）、精神病者は遺伝的に欠陥があるとされ、絶滅すべきだとされた。

こうした批判はたしかに正当に思えるが、次のようなケースはどう考えたらいいのだろう。

インターネットの質問サイトに、「精神病は遺伝するのでしょうか」との質問が寄せられることがある。そこでは匿名の回答者が「精神病と遺伝の関係は証明されていない」とか、「精神病の原因は遺伝よりストレス（あるいは人格形成期の体験）にある」などとこたえている。医師（小児科医）が自身のホームページで、「精神病は遺伝ではありませんから安心して子どもを産んでください」と書いているものもあった。

夫（もしくは妻）が精神疾患を患《わずら》っていて、子どもをつくろうかどうか悩んでいる夫婦がワラにもすがる思いでインターネットを検索すると、ほぼ確実に、専門家らしき人物が「精神病は遺伝しない」と断言している文章を見つけることになる。それを読んだ2人は、妊娠をこころから喜ぶことができるかもしれない。

これはたしかにいい話だ。しかし匿名の回答者や善意の医師は、その後の2人の人生に起こる出来事になんの責任も取ろうとはしないだろう。

これも結論だけを先に述べるが、さまざまな研究を総合して推計された統合失調症の遺伝率は双極性障害（躁《そう》うつ病）と並んできわめて高く、80%を超えている（統合失調症が82%、双極性障害が83%）。[2] 遺伝率80%というのは「8割の子どもが病気にかかる」ということではないが、身長の遺伝率が66%、体重の遺伝率が74%であることを考えれば、[3] どのような数字かある程度イメージできるだろう。背の高い親から長身の子どもが生まれるよりずっと高い確率で、親が統合失調症なら子どもも同じ病気を発症するのだ。

私たちはこの「科学的知見」をどのように受け止めればいいのだろう。私のいいたいことはきわめてシンプルだ。

精神病のリスクを持つ夫婦がこの事実を知ったとき、彼らは出産をあきらめるかもしれないし、それでも子どもがほしいと思うかもしれない。2人（と子ども）の人生は自分たちでつくりあげるものだから、どちらの選択が正しいということはできない。だがその決断は、願望ではなく正しい知識に基づいてなされるべきだ。

あるいは、精神病と遺伝との関係が社会に周知されていれば、父母やきょうだい、友人たちはそのリスクを知ったうえで、2人を援助したり、助言したりできるかもしれない。そのほうが、インターネットの匿名掲示板を頼りに、人生のたいせつな決断をするよりずっとマシではないだろうか。

優生学が間違っているのは「精神病は遺伝する」と主張したからではなく、その論理が精神病者に対する差別と偏見を前提にしているからだ。科学的知見を「不都合なイデオロギー」として拒絶するのではなく、それを精神病の予防や治療につなげ、社会の偏見をなくしていくよう努力することが求められているのだ。

犯罪は遺伝するのか

「犯罪は遺伝する」という仮説は、依存症や精神病よりずっと受け入れがたいにちがいない。これが間違いなく、犯罪者の子どもへの差別に直結するからだ。だが犯罪と遺伝の関係を認めない社会は、ときにきわめて残酷なことをする。

2014年7月26日、長崎県佐世保市の公立高校に通う女子生徒が、同級生の女子を自宅マンションに誘い、首を絞《し》めるなどして殺害したのち、遺体の頭と左手首を切断した。取調べに対し女子生徒は、「身体のなかを見たかった」「人を殺して解体してみたかった」などと供述し犯行を認めたものの、受け答えは淡々として反省の様子は見られなかったという。

父親は地元では高名な弁護士で、女子生徒は裕福な家庭で育てられたが、中学3年のときに母親を病気で失い、父親の再婚話を機に父娘関係が悪化、事件の5カ月ほど前には就寝中の父親を金属バットで殴打し、頭蓋骨陥没《ずがいこつかんぼつ》の重傷を負わせている。その後、父親は娘をマンションで一人暮らしさせることにし、そこが凶行の舞台となった。

近代刑法では犯罪は本人自身の責任とされ、家族や共同体に連帯責任を負わせることは禁じられている。精神障害などで自己責任を問えない場合は罪を免責し、刑務所の代わりに精神病院に収容している。

だがこうした「罪と罰」の約束事は、未成年の凶悪犯罪をめぐって混乱を来たしている。

犯罪者に脳の器質的・精神的な異常が認められなければ、凶行に至る原因はすべて環境にあることになる。犯人が成人なら自らの意思で環境を選び取ったということもできるが、未成年には責任能力を問えないのだから、親が監督責任を負うほかはない。この論理では、親が子どもに与えた環境、すなわち子育てが犯罪を引き起こすのだ。

実際、事件後には多くの〝識者〟が、母親の死後、父親が若い女性と交際し再婚話を進めたことを事件のきっかけとして挙げた。家族と離れて一人暮らしさせたことの「孤独感」に言及するものもあった。

この女子生徒は成績優秀だったが、小学校のときからネコを解剖したり、給食に異物を混入するなど異常行動が見られた。事件後には、「中学生の頃から、人を殺してみたいという欲求があった」と供述してもいる。母親との死別を機に折り合いが悪くなったとはいえ、就寝中の父親を金属バットで襲うというのも常軌《じょうき》を逸《いっ》している。

妻が死んで別の女性とつき合いはじめるのは犯罪でもなんでもなく、事情のわからない部外者が道徳的に断罪すべきものでもないが、子育てに犯罪の原因を求めるひとたちは、父親に対し、「再婚話を進めたりせず、娘と同居して愛情深く接すればこんな事件を起こすことはなかった」との暗黙の批判を加えている。だがこれほどまで異常な子どもに対し、親はいったいなにができただろう。

マスメディアが親の責任を問うのは、子どもの人権に配慮しているからではない。不吉なことが起こると、ひとびとは無意識のうちに因果関係を探し、その原因を排除しようとする。異常な犯罪がなんの理由もなく行なわれる、という不安にひとは耐えられないから、子ども（未成年者）が免責されていれば親が生贄《いけにえ》になるのだ。

現代の精神医学では、犯罪を引き起こすような精神障害は「反社会性パーソナリティ障害」と呼ばれている。とはいえ、ずるがしこいひとや残酷な人間はどんな社会にも一定数いるし、これを安易に治療の必要な「病気」にしてしまうと、刑法における責任能力との関係でやっかいな問題が出てくるから、どこからを「障害」と見なすかはあいまいにならざるを得ない。だがそれでも、誰が見ても「異常」な人間はいる。

イギリスで、1994年から3年間に生まれた5000組の双子の子どもたちを対象に、反社会的な傾向の遺伝率調査が行なわれた。それによると、「冷淡で無感情」といった性格を持つ子どもの遺伝率は30％で、残りの70％は環境の影響だとされた。この「環境」には当然、子育ても含まれるだろうから、これは常識的な結果だ。

次いで研究者は、教師などから「矯正不可能」と評された、きわめて高い反社会性を持つ子どもだけを抽出《ちゅうしゅつ》してみた。

その結果は、衝撃的なものだった。

犯罪心理学でサイコパスに分類されるような子どもの場合、その遺伝率は81％で、環境の影響は2割弱しかなかった。しかもその環境は、子育てではなく友だち関係のような「非共有環境」の影響とされた。[4]

この結果が正しいとすれば、子どもの極端な異常行動に対して親ができることはほとんどない。親の「責任」とは、たまたまその遺伝子を自分が持っており、それを子どもに伝えたということだけだ。
事件から2カ月後の10月5日、女子生徒の父親は自宅で首をつって自殺した。

〔コラム1〕◉遺伝率

遺伝についての専門的な説明は本書の範囲を超えるが、誤解を招きやすい「遺伝率」についてかんたんに解説しておきたい。

世の中には、背の高いひとも低いひともいる。日本人の場合、平均身長は男性が167センチ、女性が154センチで、背が高くなったり、低くなったりするにつれて人数が減っていく（身長190センチ以上の男性は0・06％しかいない）。このばらつきは正規分布（ベルカーブ）で、極端なことほど起こりにくい。

誰でも知っているように、身長の要因には遺伝と環境がある。両親ともに背が高くても、幼児期の栄養状態が悪ければ身長は低いままかもしれない。だったら、遺伝（あるいは環境）の影響はどのくらいあるのだろうか。

これを調べたのが遺伝率で、「身長の遺伝率66％」というのは、背の高さのばらつきのうち66%を遺伝で、34%を環境で説明できるということだ。

よくある誤解は、遺伝率を個々の確率と取り違えることだ。身長の遺伝率は、「背の高い親から66%の確率で背の高い子どもが生まれ、34%の確率で子どもの背は低い」ということではない。受精はＤＮＡのランダムな組み合わせなので、両親の遺伝的特性からどのような子どもが生まれるのかを事前に知ることはできない。とはいえ、遺伝率が高いほど遺伝的な要因が大きく作用することは間違いない。

このことは、遺伝の影響を料理における砂糖のようなものだと考えるとわかりやすい。レシピごとに料理の味は多様だが、砂糖をたくさんいれればどんな料理も甘くなる。同様に、ひとの身体的特徴や行動、性格、知能などは多様に分布するが、遺伝率が高いほど環境の影響は後景《こうけい》に退《しりぞ》き、遺伝の影響が強く現われてくる。[5]

興味深いのは、体重の遺伝率が74%と身長よりも高いことだ。スリムなことが美徳とされる社会では、太っているのはダイエットに失敗した（努力が足りない）からだと考えられているが、体重の高い遺伝率から考えれば、「ダイエットに成功できるのは遺伝的にやせているひとだけ」という可能性のほうが高そうだ。

なお、遺伝と環境（共有環境と非共有環境）についてのより詳しい説明は11章を参照。

〔コラム2〕◉遺伝と犯罪

米国の神経犯罪学者エイドリアン・レインが南カリフォルニアの小学校に通う9歳の双子605組（1210人）を調査したところ、教師が問題行動ありと評価した場合の遺伝率は40％、親による評価では47％、本人の評価では50％で大きな違いはなかった。これは、「子どもの問題行動の半分は遺伝、半分は環境の影響」という妥当《だとう》な結論に思える。

次にレインは、教師、親、本人の三者ともが「反社会的」と評価した子どもだけを抽出してみた。（本人も含め）誰からも暴力性や異常性が顕著《けんちょ》と見なされた子どもの反社会的行動は、遺伝率96％という驚くべき数字が示された。――これは本文で述べたイギリスの調査結果と整合的だ。

それでもまだ、「双子がよく似ているだけでは環境の影響を否定できない」との反論があるかもしれない。遺伝的に類似性の高い子どもは、同じような環境を招き寄せるかもしれないからだ。そこでレインは、生まれてすぐに養子に出され、別々に育てられた一卵性双生児について調べてみた。

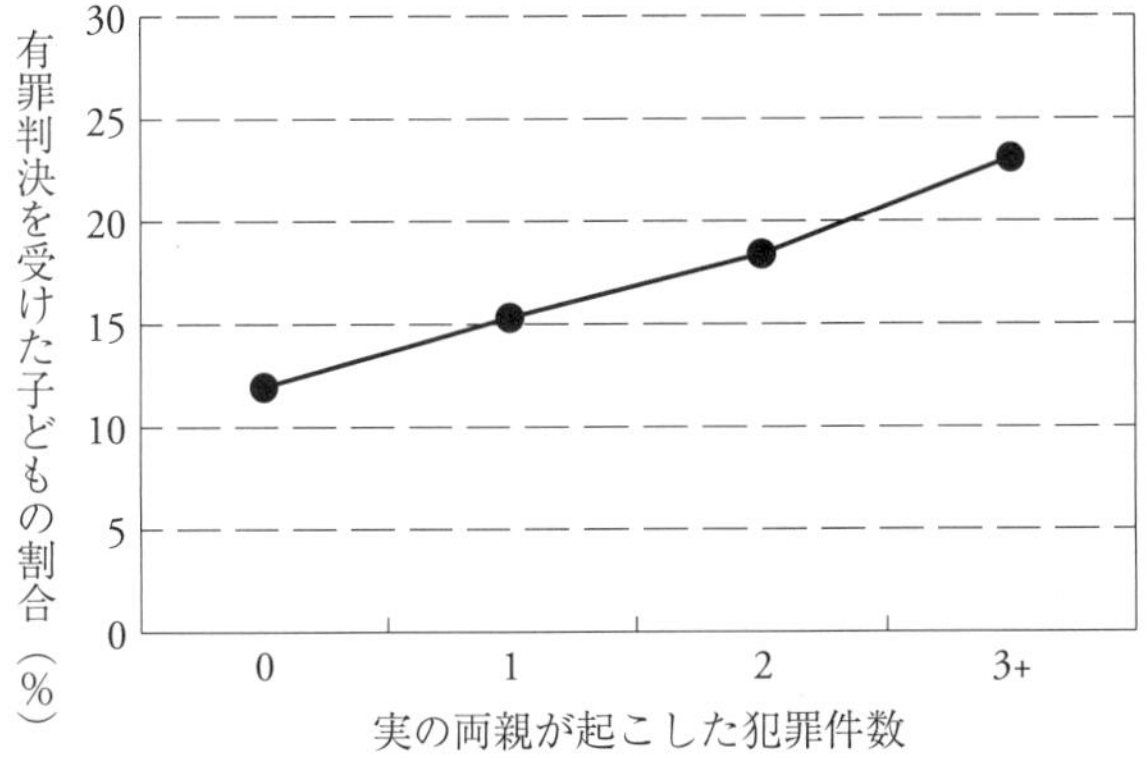

【図１－１】：実の両親の犯罪件数が増えると、養子に出された子どもが有罪判決を受ける割合も増える（A・レイン『暴力の解剖学』をもとに作成）

こうした条件に合う双子はめったにいないのだが、双子のどちらか一方が犯罪者である8組の、別々に育てられた一卵性双生児では、半数の4組が、双子のもう一方も1件以上の犯罪歴を持っていた。生後9カ月で別々に養子に出されたメキシコ人女性の一卵性双生児のケースはとくに顕著で、一方は都会、もう一方は砂漠地帯で暮らし、養親《ようしん》の性格も家庭環境もまったく異なっていたにもかかわらず、どちらも思春期に差しかかると家出し、街を徘徊《はいかい》し、非行のため何度も施設に収容されていた[6]。

犯罪における遺伝と環境の影響を知るには、養子に出された犯罪者の子どもがどのような人生を歩んだかを調べてみるのも有益だ。もちろんこうした研究も行なわれていて、約1万5000人の養子（男の子）を対象としたデンマークの大規模な調査が有名だ。

この調査では、実の親も養親もともに犯罪歴がない場合、有罪判決を受けた息子の割合は13・5％だった。養親に犯罪歴があり、実の親にない（遺伝的な影響がない）場合、この割合は14・7％にしか上がらない。しかし養親に犯罪歴がなく、実の親が有罪判決を受けたことのある（遺伝的な影響がある）ケースでは、息子が犯罪をおかす割合は20％にはねあがったのだ。

それればかりかこの調査では、有罪判決を受けた子どもの割合は、実の親の犯罪件数に比例して高くなっている（前頁図1－1）。常習的な犯罪者の息子は全サンプルの1％にすぎないが、有罪記録の30％にかかわっていたのだ。[7]

エイドリアン・レインが調査した反社会的行動と遺伝の研究は100件を超え、被験者は生後17カ月から70歳まで広範囲にわたる。時期は世界大恐慌（1930年頃）から現代まで、実施国もオーストラリア、オランダ、ノルウェー、スウェーデン、イギリス、アメリカなど多様だが、双子、養子、兄弟姉妹いずれを調べても暴力に対する犯罪の遺伝的影響は顕著だった。

2「頭がよくなる」とはどういうことか――知能のタブー

親の収入と子どもの学歴の関係は

２００７年10月、ＤＮＡの二重らせん構造を発見してノーベル医学生理学賞を受賞した分子生物学者ジェイムズ・ワトソンの発言が、英誌『サンデー・タイムズ・マガジン』１面に掲載された。そこでワトソンは、「アフリカの将来についてはまったく悲観的だ」として、「社会政策はすべて、アフリカ人の知能が我々の知性と同じだという前提を基本にしているが、すべての研究でそうなっているわけではない」「黒人労働者と交渉しなければならない雇用主なら、そうでないことを分かっている」と語った。

この発言でワトソンは激しい批判に晒《さら》され、その名声は地に堕《お》ちたが、欧米のアフリカ援助関係者のなかに、「ここだけの話だが」と前置きして、同様の意見を述べる者がいくらでもいることは公然の秘密だ。ワトソンの発言がスキャンダラスなのは、誰もが密かに思っていることを堂々と口にしたからだった。

人種と知能に関しては、これまではげしい論争が繰り返されてきた。このきわめて政治的なテーマは、次の3つの要素を含んでいる。

① 知能とは何か。そもそも知能を計測することができるのか。
② 知能を決めるのは遺伝なのか、それとも環境なのか。
③ 知能が遺伝するとしても、それは人種によって異なるのか。

「リベラル」と呼ばれるひとたちは、この順番で人種と知能の関係を否定しようと試みてきた。

「知能はそもそも計測不能だ」というのは、もっとも原理的な批判だ。「すべてのひとがそれぞれ個性的に頭がいい」のなら、知能のちがいについて語ること自体に意味がなくなる。だがこの美しい〝真実〟は「ひとの賢さにはちがいがある」という常識に反するし、学校で生徒を成績によって序列化している現実とも矛盾する。心理学は、IQが知能の近似値《きんじち》として妥当性を持つことを繰り返し示してきた。

では知能をIQで数値化できるとして、それはなにによって決まるのか。

「こころは空白の石板（ブランク・スレート）」というのがリベラルの立場で、子どもはみな平等に生まれてくるが、環境によって知能の差が生じると考える。日本でも「親が高収入だと子どもの学歴が高い（貧しい家庭の子どもは良い教育を受けることができない）」といわれるが、これが典型的な「環境決定論」だ。

ところが行動遺伝学の双生児研究などによって、「知能が環境のみによって決まる」という仮説は完膚《かんぷ》なきまでに否定されてしまった。言語性知能は家庭環境の影響を強く受けるものの、それを除けば、一般知能の8割、論理的推論能力の7割が遺伝で説明できるなど、認知能力における遺伝の影響はきわめて大きいのだ。

「相関関係があるからといって因果関係があるとはかぎらない」というのは統計学の基本だ。

アイスクリームの売上と水死者の数を調べると、どちらも季節によって同じように増減する。だがこの相関関係から、「アイスクリームが水死の原因になる」という因果関係を導き出すひとはいないだろう。アイスクリームがよく売れるのは夏で、海やプールの事故が起きるのも多くは夏だ。「夏の暑さ」という共通の原因によって、アイスクリームと水死者の相関関係が生じるのだ。

じつは、親の収入と子どもの学歴にも同様の「擬似《ぎじ》相関」がある。知能が遺伝するという事実を受け入れるならば、「知能の高い親は社会的に成功し、同時に遺伝によって子どもは高学歴になる」という因果関係ですっきり説明できるのだ。

人種とIQについてのタブー

知能が遺伝の強い影響を受けることが専門家の共通了解になると、リベラルの最後の砦は「(遺伝によって個人の知能が異なったとしても)人種と知能は無関係だ」という主張になる。

1964年にアメリカで黒人差別を禁じた公民権法が成立すると、リンドン・ジョンソンの民主党政権は「偉大なる社会」を掲げて貧困との戦いに乗り出した。その中心に据えられたのが、「ヘッドスタート」と呼ばれる貧困家庭の子どもの教育支援プログラムだ。経済的事情で幼児教育を受けられない3、4歳児にさまざまな就学支援をするものので、連邦予算としては宇宙計画に次ぐ巨費が投じられてきた。

「すべての子どもが、親の所得にかかわらず、平等に人生のスタートを切るべきだ」という理念に反対するひとはいないだろう。だが問題は、ヘッドスタートに顕著な効果が見られないことだった。幼児教育はたしかに子どもの学力を向上させるが、その効果は就学後1年程度で消失してしまうのだ。

１９６９年、アメリカの教育心理学者アーサー・ジェンセンが「ＩＱと学業成績をどれほど増進できるか」と題した論文を発表した[8]。

ジェンセンは知能を記憶力（レベルⅠ）と概念理解（レベルⅡ）に分け、レベルⅠの知能はすべての人種に共有されているが、レベルⅡの知能は白人とアジア系が、黒人やメキシコ系（ヒスパニック）に比べて統計的に有意に高いことを示した。そのうえで、ヘッドスタート・プログラムの効果が期待を下回るのは、知能の遺伝規定性が80％もの高さを持つからだと述べたのだ。

この主張は「黒人の子どもは遺伝的に知能が低いから幼児教育には意味がない」と受け取られ、全米に憤激《ふんげき》の嵐を巻き起こした。ジェンセンは「人種差別主義者」のレッテルを貼《は》られ、大学（カリフォルニア大学バークレー校）の研究室にはデモ隊が押しかけ、暗殺されかねないほどの非難を受けることになる。

なぜジェンセンは、身の危険をも顧みず危ういテーマを取り上げたのか。そしてなぜ、轟々《ごうごう》たる非難にもかかわらず一流大学の教授職に留《とど》まることができたのか。それはジェンセンの背後に強力な支持者がいたからだ。

アメリカの建国の理念は、西部開拓時代に培われた「自助自立」だ。政府は市民の生活に最低限の関与しかしてはならず、市民の義務は税の使い道を厳しく監視することだ。こうした市民主義の立場からすれば、巨額の税を投入するヘッドスタート・プログラムに計画どおりの効果があるかどうかは重大な政治的関心事となる。

ジェンセンの支持者たちは、ヘッドスタートが貧困家庭の子どもたちのためではなく、税金に群がる教育関係者の巨大な利権になっていると批判した。その効果が科学的に検証できないにもかかわらず、毎年多額の連邦予算を計上しているのは、既得権層の役得を税によって支えるためなのだ。

もちろん、こうした政治的主張を「人種差別の隠《かく》れ蓑《みの》」と批判することは可能だ。ジェンセンを支持したのはほとんどが白人で、彼らは自分たちの税金が黒人やヒスパニックの子どもたちに使われることに反対したのだから。

しかしその一方で、「良心に心地いい」からといって、科学的な根拠のない政策に莫大な支出を続けることが許されるはずはない。ジェンセンの研究は偏狭な白人に黒人差別を正当化する根拠を与えたかもしれないが、それは同時に、肥大化した政府に対する正当な異議申立てでもあったのだ。

差別のない平等社会をつくれないワケ

ジェンセン・スキャンダルに匹敵《ひってき》する激震をアメリカ社会にもたらしたのが、行動計量学者リチャード・ハーンスタインと政治学者チャールズ・マレーが1994年に出版した『The Bell Curve（ベルカーブ）』だ。[9]

ベルカーブは正規分布（釣鐘曲線）のことで、身長や体重を考えればわかるが、平均値がもっとも多く、平均から離れるにつれて頻度《ひんど》が小さくなる。ここでのベルカーブはIQのことで、平均的な知能（IQ100）を中心に、知能が正規分布することをいう（要するに、学生時代の成績の偏差値のことだ）。

『ベルカーブ』でハーンスタインとマレーは、現代社会が知能の高い層にきわめて有利な仕組みになっていることを膨大《ぼうだい》なデータをもとに論じている。そのうえで彼らは、白人と黒人のあいだにはおよそ1標準偏差（白人の平均を100とすると黒人は85）のIQの差があり、これが黒人に貧困層が多い理由だと述べたのだ。

このことで著者たちは、ジェンセン同様「人種差別主義者」のレッテルを貼られてすさまじい非難に晒されることになる。だが『ベルカーブ』では、白人と黒人のIQにかなり大きな差がある〝事実〟が示されているものの、遺伝との関係については述べられていない。さらには、貧困層に対する再分配や社会福祉に反対しているわけでもない。『ベルカーブ』は大判で900ページちかくある分厚い本だが、白人と黒人の知能の差を扱ったのはそのなかの1章、40ページあまりにすぎない。だがこの部分だけがメディアによって大きく取り上げられ、「黒人は遺伝的に知能が低い」と(悪意によって)誤読されたことで、著者たちにとってはきわめて不本意な評価をされることになった(その結果、ベストセラーになったともいえる)。

奴隷制の〝負の歴史〟を抱えるアメリカでは、黒人などの少数民族(マイノリティ)に対するアファーマティブ・アクション(積極的差別是正《ぜせい》措置)が実施されている。黒人の学力が低いのは差別の歴史のせいなのだから、大学入学や就職において、差別を是正するよう黒人の特別枠を設けることは当然とされているのだ。

こうした政策が妥当なのか、『ベルカーブ』の著者たちは、同じIQの白人と黒人を比較することでアファーマティブ・アクションを検討した。

たとえば平均的アメリカ人（29歳）のうち、学士号取得者の割合は白人で27%、黒人で11%だ。これだけを見るとたしかに黒人に対する差別の影響のように思えるが、同じIQで比較すると、学士号を持つ割合が白人で50%の場合、黒人は68%と比率は逆転する（IQが同じであれば、白人よりも黒人のほうが学士号を取得しやすい）。

同様に、平均的アメリカ人が高いIQを必要とする職業につく見込みは白人で5%、黒人で3%だが、これを同じIQで比較すると白人10%に対して黒人は26%になる（IQが同じであれば、黒人は白人の2倍以上、知的職業に従事できる）。また1989年時点の平均的アメリカ人の年収は、白人の約2万7000ドルに対し黒人が約2万ドルだが（黒人の収入は白人の4分の3）、IQ100の白人と黒人を比べればともに約2万5000ドルで経済格差は消失する（次頁図2－1）。

このようなデータを積み上げることで、ハーンスタインとマレーは、人種間の格差はもはやなくなっており、これ以上のアファーマティブ・アクションは白人や（もともと学力の高い）アジア系に対する逆差別につながると危惧《きぐ》した。

同じIQで見れば、黒人は白人と平等か、むしろ優遇されている。黒人が差別されているように見えるのは、白人に比べて知能の低い層が大きいからだ。アファーマティ

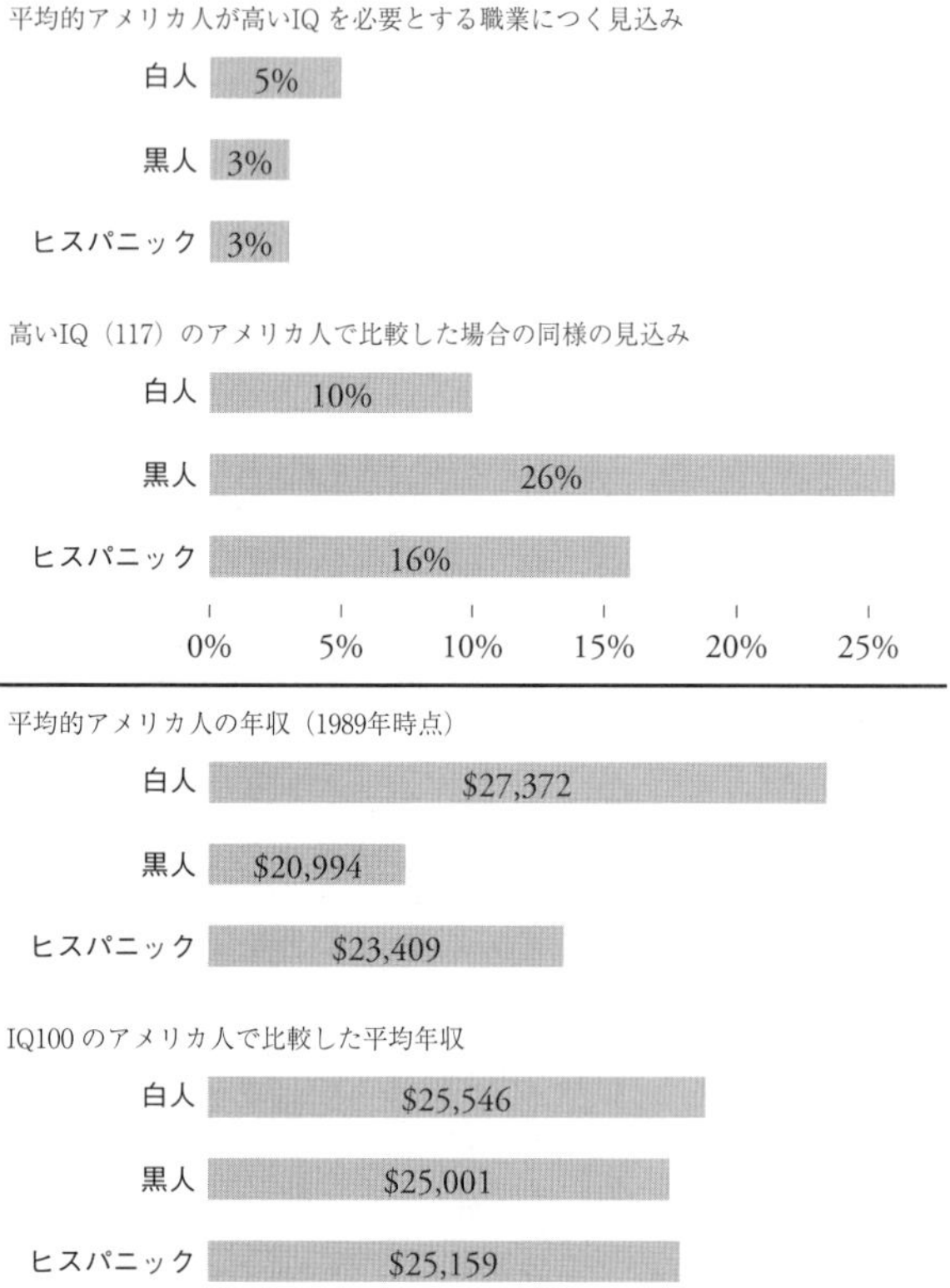

【図２－１】：29歳のアメリカ人の人種別統計
（R・ハーンスタイン、C・マレー『ベルカーブ』をもとに作成）

ブ・アクションは一部の黒人を有利にするものの、黒人全体の知能を向上させることにまったく役立ってはいない――。

このような主張が、リベラルにとって許しがたいことはいうまでもない。アファーマティブ・アクションは人種差別を解消し、平等な社会をつくるための根幹だとされてきたが、『ベルカーブ』は統計学を駆使してその根拠を否定しようとした。その危険な論理に気がついたからこそ、「人種差別」のレッテルを貼ることで議論を封殺しようとしたのだ。

「知能格差」の真因とは

現在では、人種間で知能の差があることはさまざまな研究で疑いのない事実とされている。議論が分かれるのは、それが遺伝的なものかどうか、ということだ。

知能が環境から影響を受ける証拠は膨大にある。たとえば、3歳時点で栄養不良だった子どもは11歳時点のIQが低い。それも栄養不良の度合いが深刻なほど成長後の知能は低く、最大でIQが17ポイント下がった。これはクラスの中位から下位11%に転落するのと同じだ。[10]

白人よりも黒人の方が、貧困で栄養状態の悪い子どもが多いことは間違いない。黒人の学力の低さが家庭環境にあるのなら、福祉政策によって状況を改善できるにちがいない。個人と同様に人種間の「知能格差」においても、環境決定論はリベラルにきわめて居心地がいいのだ。

ところがこれに対して、アーサー・ジェンセンは強力な反論を行なった。

たしかに貧困はＩＱを下げるが、その因子は白人と黒人の貧困度合いを揃《そろ》えることで除外できる。すなわち、平均的な黒人と同じ程度に貧しい白人を選んで、人種間の知能を比較してみればいいのだ。

アメリカではＩＱ75以下が知的障害とみなされる。社会的な階層を５つに区分すると、知的障害のある子どもの割合は最下層の白人では７・８％だが、同じ最下層の黒人では42・９％だ。さらに、黒人では上から２番目の社会階層ですら14・５％（７人に１人）の子どもがＩＱ75を下回るが、白人では０・８％だ。同じ社会階層でこれほどまで大きな差が生じるのは環境要因では説明できないと、ジェンセンは主張する。[11]

同時にこのデータは、次のような奇妙な事実を示している。

もっとも低い社会階層では、ＩＱ75以下の子どもの比率は黒人（42・９％）が白人

社会階層の区分		白人	黒人	黒人／白人の比率
富裕層	1	0.5	3.1	6.2 倍
	2	0.8	14.5	18.1 倍
	3	2.1	22.8	10.9 倍
	4	3.1	37.8	12.2 倍
貧困層	5	7.8	42.9	5.5 倍

【図２－２】：社会階層を経済的地位で５つに分けたときの、ＩＱ75以下の子どもの割合〈推定値での％〉（Ａ・ジェンセン『ＩＱの遺伝と教育』をもとに作成）

（7・8％）の5・5倍だ。ところがこの比率は、もっとも高い社会階層の黒人で6・2倍と最下層より高く、2番目の社会階層ではなんと18・1倍に跳ね上がる。なぜこのようなことが起きるのだろうか。

ジェンセンはこれについて、統計学でいう「平均への回帰」の法則がはたらいているのではないかと述べている。成功した黒人は知能が高いが、それは一時的なもので、彼らの子どもは平均的な黒人の認知能力へ回帰していくのだ（図2－2）。

もっとも、これで環境決定論が完全に否定されるわけではない。IQに影響を与える要因は貧困だけにかぎらない。アイデンティティを集団への帰属意識のことだとすれば、そもそも「黒人集団」に分類されること自体が子どもの学習能力やIQを引き下げる要因になるかもしれない（黒人の友だち集団では、勉強する子どもは仲間から排除される)。——心理学者ジュディス・リッチ・ハリスの集団社会化論が人種と遺伝についての有力な反論になり得ることは12章で検討する。

私たちは、運動能力や音楽的才能に人種間のちがいがあることをごくふつうに受け入れている。——「黒人の並外れた身体能力」とか、「天性のリズム感」とか。アフリカには多様な民族が暮らしており、適性もさまざまだろうが、スポーツや音楽を語るときに肌の色で「黒人」という人種にひとまとめにすることが問題とされることはない。

それに対して知能の格差は差別に直結し、政治的な問題となってはげしい論争を生む。なぜなら私たちが暮らす「知識社会」が、ヒトのさまざまな能力のなかで知的能力(言語運用能力と論理数学的能力)に特権的な価値を与えているからだ。——政治家や弁護士は言語的知能が高く、医者や科学者は論理数学的知能が高い。逆にIQが低いと経済的に成功できず、社会の落伍者《らくごしゃ》になってしまう……。

こうした現実から、「潜在的な知能は人種にかかわらず均質でなければならない」というイデオロギー的な要請が生まれる。しかし、これはきわめて危うい論理ではないだろうか。

「人種と知能は無関係」という前提で社会の仕組みが成り立っているとすると、将来、研究が進んでその前提が否定されれば大混乱に陥ってしまう。知能が遺伝の強い影響を受けているという行動遺伝学の知見を認めたうえで、個人の人権を平等に扱い、効果的な再分配や社会福祉を設計したほうがずっと現実的だろう。

しかしこれは、それほどかんたんなことではない。それは私たちの社会が、「知能の呪縛」にあまりにも強くとらわれているからだ。それについては3章で考えてみることにしよう。

〔コラム3〕◉ユダヤ人はなぜ知能が高いのか

著名な科学者のなかでユダヤ人が占める割合は、アメリカとヨーロッパでは人口比率から予想されるより10倍も高い。過去2世代においてユダヤ人は科学関連のノーベル賞の4分の1以上を獲得したが、彼らの数は世界人口の600分の1にも満たない。20世紀のチェスチャンピオンの半数はユダヤ人で、アメリカにおいては人口の3％未満にすぎない彼らが企業のCEO（最高経営責任者）の約5分の1、アイビーリーグの学生の22％を占めている。——こうした数字を挙げたうえで、「ユダヤ人はなぜ知能が高いのか」の謎に迫ったのが、物理学者出身のグレゴリー・コクランと人類学から集団遺伝学に転じたヘンリー・ハーペンディングだ[12]。

彼らはまず、以下の2つの事実を挙げる。

① ギリシア・ローマ時代において、「ユダヤ人の知能が高い」と述べた文献は皆無だ（当時、「並外れて賢い」とされていたのはギリシア人だった）。

② イスラエルにおけるIQ検査などからわかったのは、きわめて知能が高いのはアシュケナージ系のユダヤ人だけで、かつてスペインに住んでいたセファルディーや、中東や北アフリカで暮らしていたミズラヒムなど、それ以外のユダヤ人の知能は平均と変わらない。

このことから、問うべきは「アシュケナージ系ユダヤ人だけがなぜ高い知能を持つようになったのか」だと、コクランとハーペンディングはいう。彼らのIQは平均して112〜115くらいで、ヨーロッパの平均（100）より1標準偏差ちかく高いのだ（平均的な偏差値を50とすると、アシュケナージ系は偏差値60に相当する）。

アシュケナージは「ドイツの」という意味で、ライン川沿いのユダヤ人コミュニティを発祥とし、その後ポーランドやロシアなど東欧諸国に移り住んでいった。

オスマン帝国のようなイスラーム圏で暮らしていたユダヤ人に比べて、アシュケナージには際立った特徴があった。ヨーロッパにおける激しいユダヤ人差別によって人口の増加が抑えられていたことと、キリスト教で禁忌《きんき》とされていた金貸しで生計を立てざるをえなかったことだ。こうした条件にユダヤ教独特の他民族との婚姻の禁忌が加わると、数十世代のうちに知能に関する遺伝的な変異が起きてもおかしくはないとコクランとハーペンディングは述べる。彼らの仮説は次のようなものだ。

イヌは哺乳類のなかでもっとも多様性に富むが、もともとはオオカミをヒトが飼いならし、18世紀以降の品種改良によってわずか数百年でセントバーナードからチワワまでさまざまな犬種がつくりだされた。ある特殊な条件の下では、こうした極端な淘汰《とうた》が起こりうる。

金融以外に生きていく術《すべ》がないとしたら、数学的知能（計算能力）に秀でていたほうが有利だから、ヨーロッパのユダヤ人の富裕層は平均よりほんのすこし知能が高かっただろう。ユダヤ人はもともと多産で、中世は少子化とは無縁だったから、裕福なユダヤ人は飢饉《ききん》のときにも生き延び、平均より多くの子を産んだはずだ。

虐殺や追放によってヨーロッパのユダヤ人の人口増加は抑えられていたが、だからといって絶滅に向かうのではなく、多産によって1世代か2世代で人口は回復した。こうしたときも、知能の高いユダヤ人は追放先で真っ先に経済的に成功し、大家族をつくるのに有利だったはずだ。

DNA分析では、今日のアシュケナージ系ユダヤ人は祖先である中東人の遺伝子をいまだに50％ちかく保有している。これは過去2000年間における混血率が1世代あたり1％未満であったことを示しており、ここまで同族婚が極端だと、有利な遺伝的変異は散逸することなく集団内に蓄積される。

仮に富裕なユダヤ人が平均より1ポイントだけ知能が高く、平均的な親たちよりも多くの子どもを残したとすると、IQの遺伝率を30％と控えめに見積もっても、40世代すなわち1000年後のIQは12ポイント（およそ1標準偏差）増加する。

それに対してイスラーム圏に住むユダヤ人は人口も多く、手工業のほかに革なめし職人、肉屋、絞首刑執行人などの職につき、金融業に特化することはなかった。これが、彼らのIQが平均と変わらない理由だ。アシュケナージ系の高い知能は、ヨーロッパにおけるきびしいユダヤ人差別から生まれたのだ。

アシュケナージはテイ－サックス病、ゴーシェ病、家族性自律神経障害、2つの異なる型の遺伝性乳がん（BRCA1とBRCA2）といった、まれで重篤《じゅうとく》な遺伝病を持つ率が高いことが知られている（アシュケナージ系ユダヤ人のこうした疾患の有病率は他のヨーロッパ人に比べて100倍も高い）。

変異遺伝子のなかには、2つ持つと病気が発症するが、1つだけなら有用な効果があるものがある。有名なのがアフリカで見られる鎌状赤血球貧血で、2つの変異遺伝子で重篤な貧血になるが、1つだけだとマラリアへの抵抗力が増す。同様にユダヤ人も、差別的環境への適応として知能を高める変異遺伝子を持つよう〝進化〟したが、その代償としてさまざまな遺伝病を抱えることになったのではないか、というのがコクランとハーペンディングの仮説だ。

〔コラム4〕◉アジア系の知能と遺伝

白人と黒人のIQの差を計測したアーサー・ジェンセンは、同時にアジア系アメリカ人のIQが白人よりも高いことを指摘していた。このことはPISA（国際学力調査）

を見ても明らかだ。

図2－3は2012年の国際比較だが、数学的リテラシー、読解力、科学的リテラシーのすべてで上海、香港、シンガポールが上位3つを独占し、それに台湾、韓国、日本がつづく。東アジア系の国々に割って入るのはフィンランドなど北欧の国だけだ。

順位	数学的リテラシー	平均得点
1	上海	613
2	シンガポール	573
3	香港	561
4	台湾	560
5	韓国	554
6	マカオ	538
7	日本	536
8	リヒテンシュタイン	535
9	スイス	531
10	オランダ	523

順位	読解力	平均得点
1	上海	570
2	香港	545
3	シンガポール	542
4	日本	538
5	韓国	536
6	フィンランド	524
7	アイルランド	523
7	台湾	523
7	カナダ	523
10	ポーランド	518

【図2－3】：ＰＩＳＡ（国際学力調査）による平均点の国際比較（2012年度）

順位	科学的リテラシー	平均得点
1	上海	580
2	香港	555
3	シンガポール	551
4	日本	547
5	フィンランド	545
6	エストニア	541
7	韓国	538
8	ベトナム	528
9	ポーランド	526
10	カナダ	525

こうした傾向は従来、家庭での教育を重視する儒教的文化の影響とされてきたが、ＩＱの高い遺伝率と、子どもの人格形成に子育てはほとんど関係ないという行動遺伝学の知見（第Ⅲ部参照）から考えると、この「文化決定論」が正しいとはいい難い。

古代人の骨のＤＮＡ解析は、日本人の祖先（弥生人）が中国南部（揚子江流域）から朝鮮半島南部を経て北九州に渡ってきたことを明らかにしつつある[13]。外見からもわかるように、華人と韓国人、日本人は同じ遺伝子を共有している。だとしたら、それが知能と関係しているのだろうか。

ひとつの仮説は、セロトニントランスポーター遺伝子の分布だ。

「幸福のホルモン」と呼ばれるセロトニンは、脳内の濃度（セロトニンレベル）が高いと楽天的になり、レベルが下がると神経質で不安を感じやすくなるとされる。このセロトニンを運搬するトランスポーター遺伝子には、伝達能力が高いL型と伝達能力が低い

S型があり、その組み合わせでLL型、SL型、SS型の3つが決まる。

この分布は大きな地域差があり、日本人の場合、約7割がSS型で、LL型は2%と世界でもっとも少ない。これが、日本人にうつ病や自殺が多い遺伝的な理由だとされている。

IQで測る「知能」とPISAの「学力（テストの点数）」は同じではない。S型遺伝子が知能と無関係でも、勤勉と結びつくことはじゅうぶんに考えられる。

不安感が強いひとは将来のことを心配して、いまから備えておこうとするだろう。逆に過度に楽天的だと、先のことを考えるよりいまを楽しもうとするかもしれない。

こうした遺伝的傾向が東アジアの国々に共通するのなら、国際比較で試験の成績が高いことも説明できそうだ。不安感と引き換えに高い知能を手に入れた、というように。

そしてこのことが、東アジアの国々で封建的な政治・社会制度が発達し、きびしい規律の組織が好まれる理由とも考えられる。[14] 儒教はSS型の遺伝子型に適した思想だったからこそ、東アジア全域に広まったのだ。

3 知識社会で勝ち抜く人、最貧困層に堕ちる人

何年か前の話だが、ワシントンのダレス国際空港経由でメキシコのリゾート地カンクンに向かった。12月半ばで、機内はすこし早いクリスマス休暇をビーチで過ごす家族連れで満席だった。乗客は約8割が白人で2割はアジア（中国）系、あとはインド系の家族が数組という感じだった。クリスマスまでまだ1週間以上あるから、彼らは長い休暇をとる経済的な余裕のあるワシントン近郊のひとたちだ。

その富裕層の割合は、アメリカの人種構成とは大きく異なっている。国勢調査によれば全米の人口のおよそ6割は白人（ヨーロッパ系）で、ヒスパニックが16%、アフリカ系（黒人）が12%、アジア系は5%弱だ。しかし私が乗り合わせた乗客のなかに黒人の姿はなく、メキシコに向かう便にもかかわらずヒスパニックの比率もきわめて低かった。

もちろん私は、たったいちどの体験でアメリカについてなにごとかを語ろうとは思わない。だがこのとき感じた疑問は、アメリカの政治学者チャールズ・マレーによって解

き明かされている。

経済格差の根源は何か

マレーは行動計量学者のリチャード・ハーンスタインと共著で1994年に『The Bell Curve（ベルカーブ）』を出版し、全米に憤激の嵐を巻き起こした。白人と黒人のあいだにはおよそ1標準偏差（白人の平均を100とすると黒人は85）のIQの差があり、これが黒人に貧困層が多い理由だと述べたからだ。

だがマレーにいわせれば、「人種差別」との批判は因果関係をまるっきり間違えている。彼らが黒人を差別しているのではなく、国家が黒人を（逆）差別しているのだ。それがアファーマティブ・アクション（積極的差別是正措置）で、奴隷制の〝負の歴史〟でいまも不利益を被っている黒人に対し大学入学や就職などで特別枠を設けている。

近代国家の大原則は、国民を無差別に扱うことだ。年齢や性別、宗教や社会的地位などの属性によって一部の国民を差別したり、特別扱いしてはならないというのは、民主社会の根幹にあるルールだ。アファーマティブ・アクションが議論を呼ぶのは、この原則に修正を加えているからだ。

もちろん、いかなるルールにも例外をつくる余地はある。障がい者を一般の健常者と同じに扱えと主張するひとはいないだろう。だが有権者＝納税者には、人種を基準とした例外措置が当初の目的にかなっているか、検証する権利があるはずだ。そして国家が黒人を（逆）差別している以上、検証のためには人種別に知能や年収、生活水準を統計調査するほかない、というのがマレーたちの反論だ。[15]

『ベルカーブ』はベストセラーになったものの、マレーは「白人と黒人の知能の差を暴いた」と評価されることが不満だった。なぜなら彼らはそこで、アメリカ社会を分断するのは人種ではなくもっと別のものだと述べていたのだから。

「別のもの」とはなんだろう。マレーたちの主張は、わずか1行に要約できる。

アメリカの経済格差は知能の格差だ。

そしてマレーは、このスキャンダラスな仮説を検証するために新たな本を書いた。それが『階級「断絶」社会アメリカ』だ。[16]

この本でマレーは、アメリカにおいてもっともやっかいな人種問題を回避するために、分析対象を白人に限定した。そのうえで、知能の格差が彼らの人生にどのような影響を与えるかを調べるために、大学や大学院を卒業した知識層と、高校を中退した労働者層とを膨大な社会調査のデータを使って比較している。

マレーはまず、郵便番号（ZIP）と国勢調査の世帯所得から所得の上位5％、年収20万ドル（約2400万円）以上の富裕層が住んでいる場所を抽出し、彼らが特定の地域に集住していることを突き止めた。VIPの住むこの超高級住宅地が「スーパーZIP」だ。

次いで、企業経営者への登竜門とされるハーヴァード・ビジネス・スクール（HBS）と、ハーヴァード、プリンストン、エールの3つの一流大学の卒業生名簿から、40代と50代の住所を調べた。それによるとHBSの卒業生の61％がスーパーZIPに住み、全体の83％が（世帯所得で上位2割の）高級住宅地に住所があった。一流大学でも卒業生の45％がスーパーZIPに、74％が高級住宅地に住んでいた。アメリカ社会に新しく登場したこの富裕層を、マレーは「新上流階級（超高学歴でエリート主義のスノッブ）」と呼んでいる[17]。

スーパーZIPが全米でもっとも集積しているのはワシントン（特別区）で、それ以外ではニューヨークとサンフランシスコ（シリコンバレー）に大きなスーパーZIPがあり、ロサンゼルスやボストンがそれに続く。

ワシントンに知識層が集まるのは、「政治」に特化した特殊な都市だからだ。この街ではビジネスチャンスは、国家機関のスタッフやシンクタンクの研究員、コンサルタントやロビイストなど、きわめて高い知能と学歴を有するひとにしか手に入らない。

ニューヨークは国際金融、シリコンバレーはICT（情報通信産業）で世界経済を牽引し、ロサンゼルスはエンタテインメントの、ボストンは教育の中心だ。グローバル化によってアメリカの文化や芸術、技術やビジネスモデルが大きな影響力を持つようになったことで、世界に通用する仕事に従事するひとたち（クリエイティブクラス）の収入が大きく増え、新しいタイプの富裕層が登場したのだ。

スーパーZIPに住む新上流階級はマクドナルドのようなファストフード店には近づかず、アルコールはワインかクラフトビールで煙草は吸わない。アメリカでも新聞の購読者は減っているが、新上流階級はニューヨーク・タイムズ（リベラル派）やウォール・ストリート・ジャーナル（保守派）に毎朝目を通し、『ニューヨーカー』や『エコノミスト』、場合によっては『ローリングストーン』などの雑誌を定期購読している。

また彼らは、基本的にあまりテレビを観ず、人気ランキング上位に入るようなトークラジオ（リスナーと電話でのトークを中心にした番組）も聴かない。休日の昼からカウチでスポーツ番組を観て過ごすようなことはせず、休暇はラスベガスやディズニーワールドではなく、バックパックを背負ってカナダや中米の大自然のなかで過ごす。

マレーは、これが新上流階級がスーパーZIPに集住する理由だという。彼らの趣味嗜好《しこう》は一般のアメリカ人とまったく異なっているので、一緒にいても話が合わない。「自分に似たひと」と結婚したり、隣人になったほうがずっと楽しいのだ。

アメリカでは民主党を支持するリベラル派（青いアメリカ）と、共和党を支持する保守派（赤いアメリカ）の分裂が問題になっている。だが新上流階級は、政治的信条の同じ労働者階級よりも政治的信条の異なる新上流階級と隣同士になることを好む。政治を抜きにするならば、彼らの趣味やライフスタイルはほとんど同じなのだ。

強欲な1%と善良で貧しい99%

政治学者のロバート・パットナムは、ボウリングクラブや大学同窓会から復員兵協会にいたるまで、1950年代に隆盛を極めたコミュニティがアメリカ各地で急速に衰退している様子を詳細なデータで示して社会に衝撃を与えた。[18] フランスの思想家アレクシ・ド・トクヴィルは独立戦争後のアメリカを旅行し、そこに（階級社会のヨーロッパにはない）教会を中心とした平等で健全なコミュニティを見出したが、[19] いまでは「古きよきアメリカ」は失われ、ひとびとは自分ひとりで孤独なボウリングをするようになったのだ。

戦前はもちろん戦後も1960年代くらいまで、アメリカの大富豪は庶民とたいして変わらなかった。金持ちになればハイボールがジムビームではなくジャックダニエルになり、乗っている車がシボレーではなくビュイックやキャデラックに変わったが、金持ちは（召使に囲まれて暮らすような）庶民と異なるスタイルを身につけただけで、異なる文化コンテンツを持っていたわけではなかった。

しかし1980年代以降、とりわけ21世紀になって、アメリカ社会に大きな変化が訪れた。それが富の二極化で、新上流階級はいまや庶民とはまったく異なる文化を生きている。２０１１年にウォール街を占拠した若者たちはこれを、「強欲な1％と貧しい99％」と表現した。

だがマレーは、経済格差の拡大を認めたうえで、きわめて論争的な主張を展開する。庶民（労働者階級）のあいだでたしかにコミュニティは崩壊したが、新上流階級のなかでは伝統的な価値観がまだ健在だというのだ。

マレーは、アメリカ社会の建国の美徳として「結婚」「勤勉」「正直」「信仰」の4つを挙げる。これについては異論もあるだろうが、円満な家庭を営み、日々仕事をし、地域のひとたちを信頼し、日曜には教会に通うひとは、孤独な一人暮らしをし、仕事がなく失業中で、犯罪に怯《おび》えて誰も信用せず、教会の活動からも足が遠のいているひとよりも幸福である可能性が高いことは間違いないだろう。

そのうえでマレーは、認知能力において上位20％の新上流階級が暮らすベルモントと、下位30％の労働者階級が住むフィッシュタウンという架空の町を設定し、いずれの基準でもベルモントにはフィッシュタウンよりも圧倒的に高い割合で「幸福の条件」が揃っていることを示す。

もちろんマレーは、一人ひとりを取り上げて「知能が低いから幸福になれない」などといっているわけではない。彼が指摘するのは、フィッシュタウンでは働く気がなかったり、薬物やアルコールに溺《おぼ》れたり、赤ん坊を置いて遊びに行くような問題行動をとる住人が急速に増えているという事実だ。その割合が限界を超えると地域社会は重荷を背負えなくなり、コミュニティは崩壊して町全体が「新下層階級」へと堕ちてしまう。

それに対して新上流階級ではこうした問題行動はごく少ないか、すぐに排除されてしまうため、トクヴィルが感嘆したような健全なコミュニティを維持することがまだ可能なのだ（次頁図3－1）。

こうしてマレーは、格差社会における「強欲な1％」と「善良な99％」の構図を反転する。アメリカが分断された格差社会になったのは事実だが、美徳は〝善良〟な99％ではなく〝強欲〟な1％のなかにかろうじて残されているのだ。なぜなら彼らは、そのきわめて高い所得を使って、親たちが彼らに望んだ「古きよきアメリカの理想の家族」を忠実に演じることができるのだから。

このように書いてもイメージできないだろうから、「99％」に属するペンシルバニア州フィラデルフィアの低所得地域を紹介しよう。住民のほとんどは白人で、これは地元

① ベルモントとフィッシュタウンにおける既婚者の割合

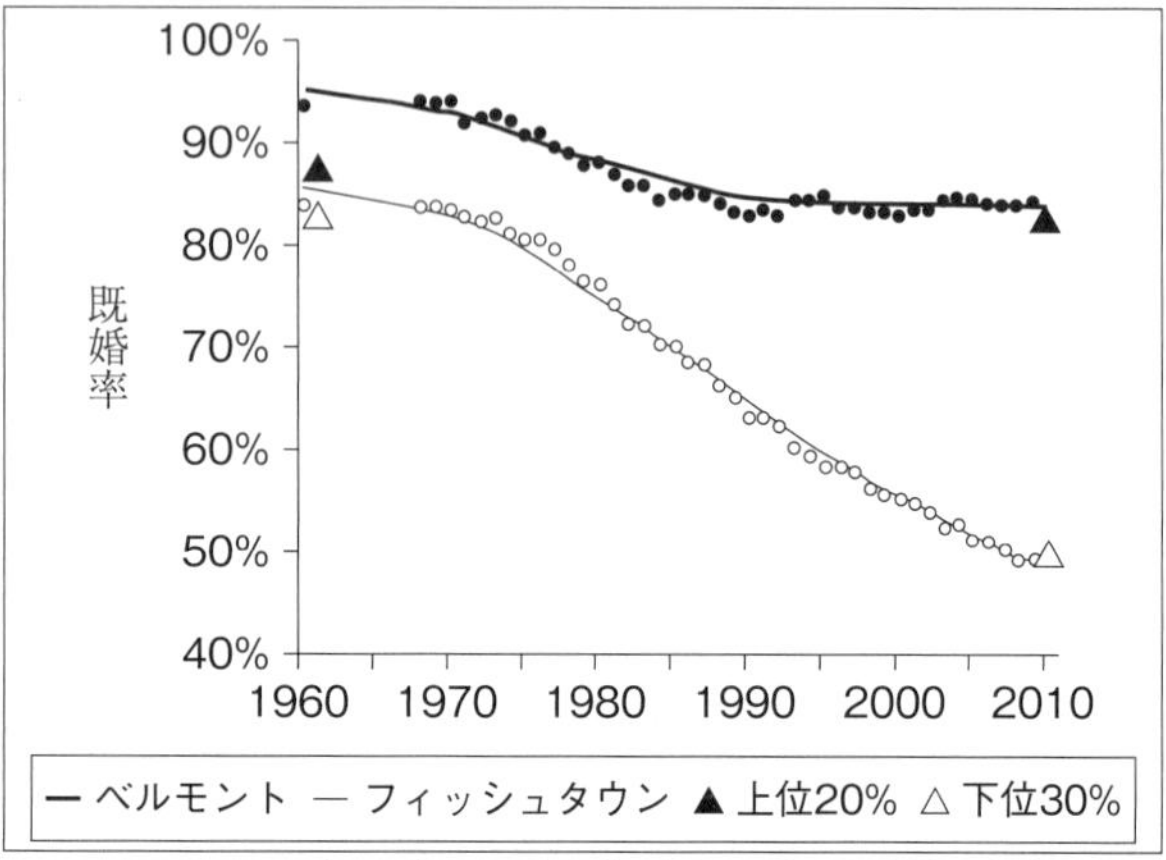

ＩＰＵＭＳのデータより、30歳以上50歳未満の白人が対象。「既婚」は結婚が継続中で、離婚していないことを示す

② 離婚または別居により片親と生活する子どもの割合

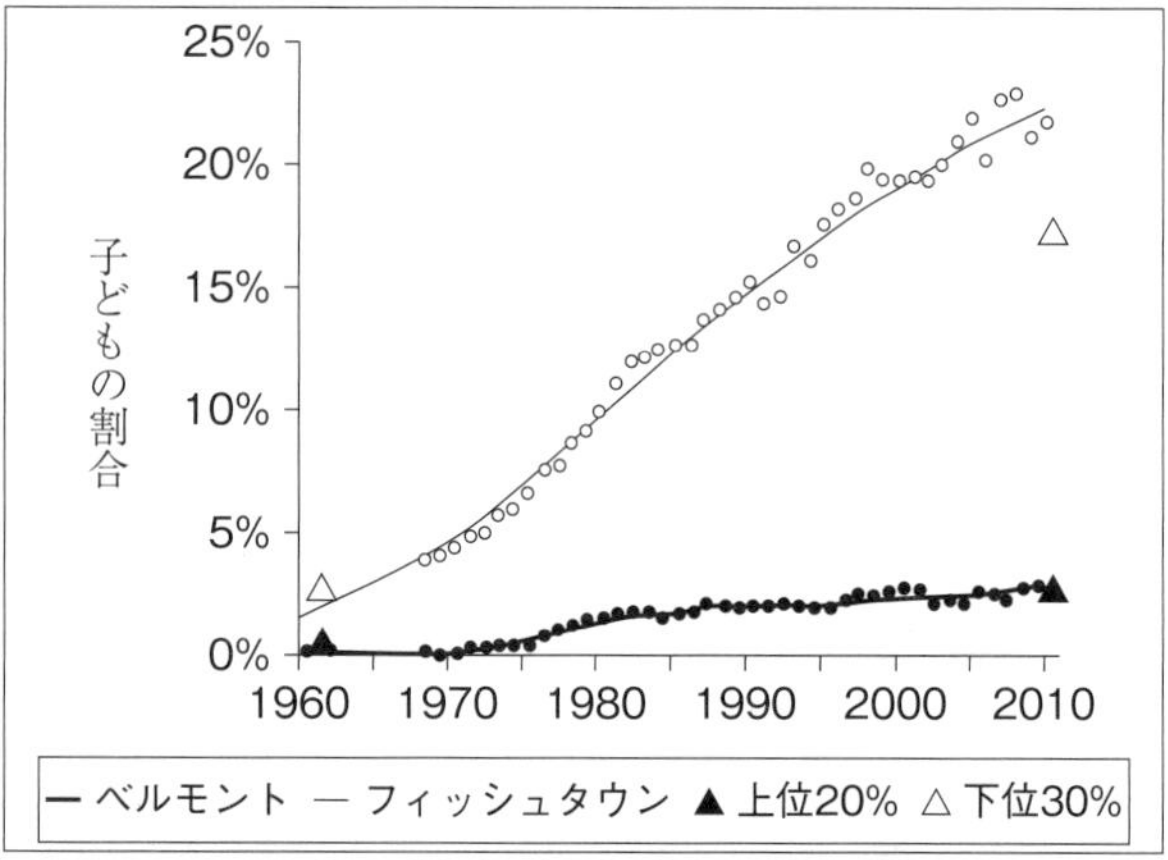

ＩＰＵＭＳのデータより、30歳以上50歳未満の白人の既婚者が対象

【図３－１】：新上流階級（ベルモント）と労働者階級（フィッシュタウン）でアメリカ社会は二極化していく

③ 全米の失業率に対する壮年男性の失業率の比較

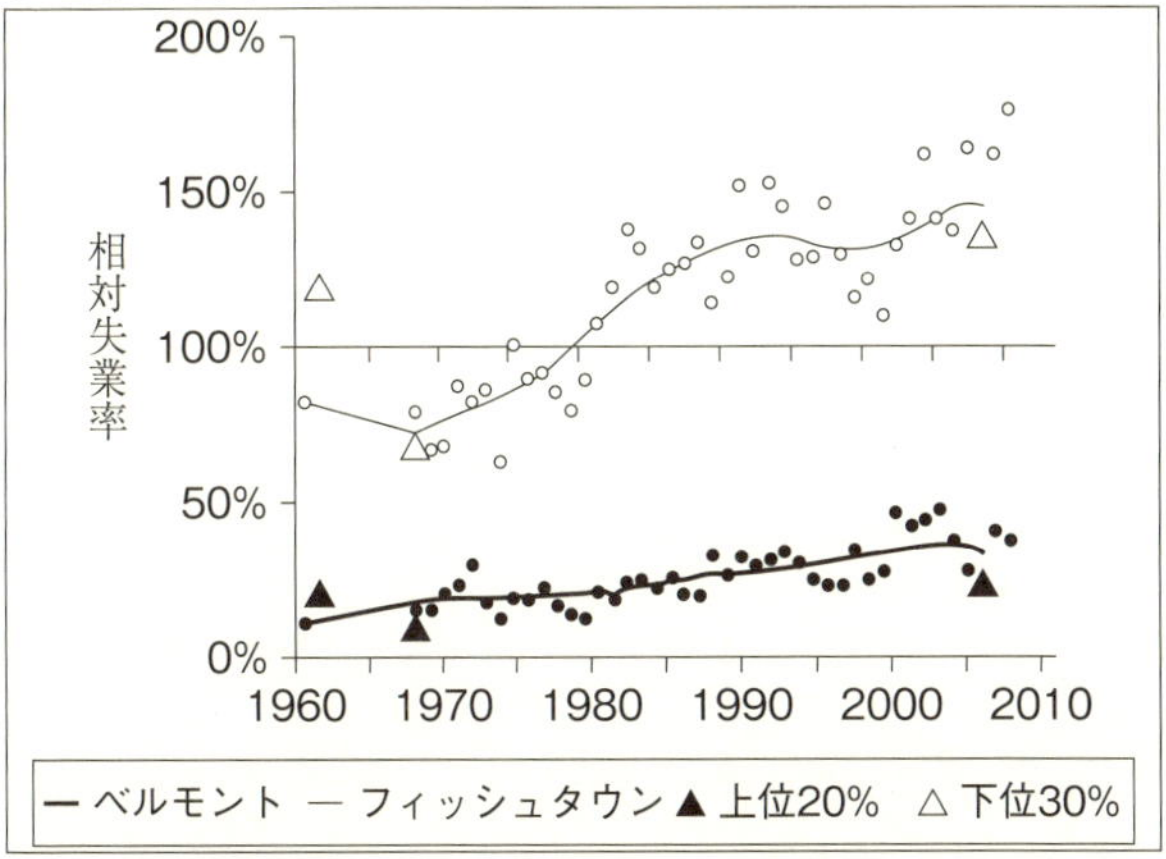

ＩＰＵＭＳと労働統計局のデータより、30歳以上50歳未満の労働力人口に入っている白人が対象

④ 白人受刑者数の人口比

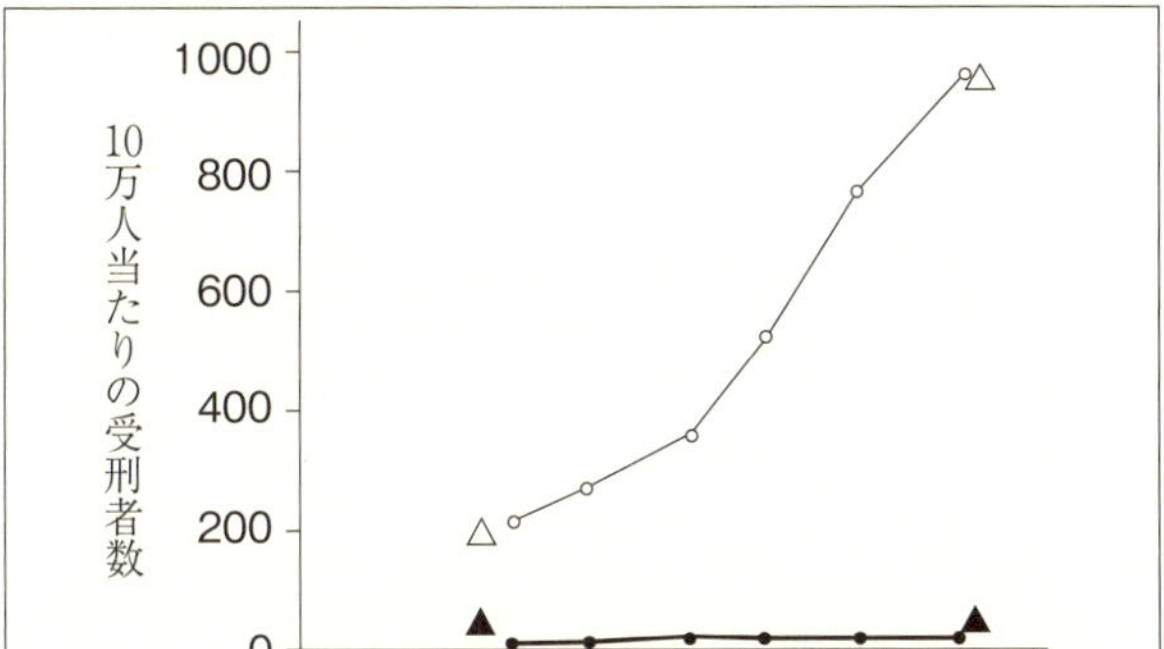

情報源はIPUMSと6回の連邦受刑者調査。分子は州および連邦刑務所の全年齢の白人男性受刑者で、分母は18歳から65歳までの白人。

（これらの図は、C・マレー『階級「断絶」社会アメリカ』を参照し作成）

のカトリック学校に通う16歳の娘を持つ母親の話だ。

「この4カ月で娘は6回もベビー・シャワー（妊娠した友人のためのパーティー）に招かれました。（略）（娘が通っている学校には）52人も妊娠している女子生徒がいるんです。52人ですよ。ひどい話です。しかもそれ以外に、すでに子供を産んだ生徒もいるんですから。（略）誰もがみんなこうだから、もう誰が悪いともいえないし、いったいどうなってしまったんでしょう？　なぜこんなにたくさんの子供たちが妊娠するんでしょう？　わたしが学校に通っていたころも少しはいましたけど、でも1年にせいぜい4人でした」

繰り返すが、これはアメリカ社会で相対的に恵まれている白人社会で起きていることだ。マレーはこうした新下層階級の規模を、「生計を立てていない男性」「1人で子供を育てている母親たち」「孤立している人々」という3つの基準から、（控えめに見積もっても）30歳以上50歳未満の全白人の2割に達すると推測している。

もちろん黒人やヒスパニックでは、この比率はずっと高くなるだろう。だが白人社会でも新上流階級と新下層階級が分断されていることからわかるように、これは人種問題ではなく、〝知能の問題〟なのだ。

日本社会に潜む「最貧困層」

日本には幸いなことにアメリカのような深刻な人種問題はないし、ほとんどの富裕層は庶民とそう変わらない生活をしている。だったら、マレーが指摘する「知能による社会の分断」とは無縁なのだろうか。

ルポライターの鈴木大介は、東京などの都市部に暮らす20代の女性のなかに極度の貧困が広がっていると警鐘を鳴らし、彼女たちを「最貧困女子」と名づけた[20]。最貧困女子の多くは地方出身で、さまざまな事情で家族や友人と切り離され、都会で孤独に暮らしている。

多くの最貧困女子を取材した鈴木は、そこには「3つの障害」があるという。それは精神障害、発達障害、知的障害だ。これは現代社会の最大のタブーのひとつで、それを真正面から指摘したことは高く評価されるべきだろう。

最貧困女子はなぜ、地元を捨てて都会に出てくるのか。その理由は、(不幸な生い立ちなどがあるとしても)「3つの障害」によってつき合うのが面倒くさく、「仲間」から排除されるからだ。

彼女たちの多くは学校でいじめにあって家出するが、行政の保護が期待できるわけではない。福祉事務所の職員にしても、社会人・家庭人として、「3つの障害」を持つ相談者に親身につき合うことは面倒くさい。その結果、家出少女を保護しても家庭に連絡するか地元の施設に引き渡すという画一的な対応をとることになり、当の家出少女が公的サービスを忌避することにつながっている。

鈴木によれば、そんな彼女たちの〝セーフティネット〟は路上のスカウトだ。彼らは若い女性を風俗店で働かせて上前をはねるが、食い物にするためには商売の元手を生かしておかなければならないから、最低限の〝福祉〟を提供するのだ。

ところが現在、日本社会の最貧困層の生態系に大きな変化が起きている。少子高齢化と価値観の多様化（若い男性の草食化）によって、風俗の市場が大きく縮小してしまったのだ。同時に、女性の側に「身体を売る」ことへの抵抗がなくなって風俗嬢志望者が激増した。需要が減って供給が増えたのだから、当然、価格は下落する。

これが「セックスのデフレ化」で、かつては月100万円稼ぐ風俗嬢は珍しくなかったが、いまでは指名が殺到する一部の風俗嬢の話でしかなく、地方の風俗店では週4日出勤しても月額25万円程度と、コンビニや居酒屋の店員、介護職員などとほとんど変わらないという。

貧困線上にある若い女性にとってさらに深刻なのは、景気の悪化によって風俗業界が新規採用を抑制するようになったことだ。そのため現在では、10人の求人のうち採用されるのはせいぜい3～4人という状況になっている。日本社会は（おそらく）人類史上はじめて、若い女性が身体を売りたくても売れない時代を迎えたのだ。[21]

このようにして、地方から都会にやってきた若い女性のなかにセックスすらマネタイズできない層が現われた。彼女たちは最底辺の風俗業者にすら相手にされないので、インターネットなどを使って自力で相手を探すか、路上に立つしかない。それでもじゅうぶんな稼ぎにはほど遠く、家賃滞納でアパートを追い出され、ネットカフェで寝泊りするようになる――すなわち「最貧困女子」の誕生だ。

最貧困女子は「3つの障害」によって、社会資本（家族や友人）も金融資本（貯金）もほとんど持っていないため、人的資本（仕事）を失うとあっというまに社会の最底辺に堕ちてしまう。日本においても、知能の格差が経済格差として現われているのだ。

私たちはこの「残酷すぎる真実」を直視するのを恐れ、知能と貧困との明白な関係にずっと気づかないふりをしてきた。税金を投入して高等教育を無償化したところで、教育に適性のない最貧困層の困窮はなにひとつ改善しないだろう。その代わり、知識社会に適応した高学歴層（教育関係者）の既得権がまたひとつ増えるだけだ。

パン屋が、「パンを食べれば健康になるから税金でパンを無料にすべきだ」と主張するのなら、パンと健康との因果関係を科学的に証明し、納税者を説得する責任はパン屋にある。教育関係者は「知能の遺伝率はきわめて高い」という行動遺伝学の知見を無視し、説明責任を放棄したまま、「教育にもっと税を投入すればみんなが幸福になれる」と主張して巨額の公費を手にしている。

「知識社会」とは、知能の高い人間が知能の低い人間を搾取《さくしゅ》する社会のことなのだ。

4 進化がもたらす、残酷なレイプは防げるか

①生まれた赤ん坊がその日に殺される確率は、他の日より100倍高い。
②殺された赤ん坊の95%は病院で生まれていない。
③イギリスでは、継親《ままおや》に育てられている幼児は1%に過ぎないのに、赤ん坊殺しの53%は継親の手による。
④アメリカでも、継親の虐待の結果、子どもが死ぬ可能性は実の親に比べて100倍にのぼる。
⑤実の親に比べ、継親は2歳未満の継子《ままこ》を6倍の割合で虐待する。[22]

いずれも陰惨な数字だが、いまではなぜこんなことが起きるのか、一貫した論理で説明できる。それは現代の生物学や心理学が、身体的特徴だけでなく、こころや感情も進化の産物だとみなすようになったからだ。

犯罪は「凶暴な男」の問題

犯罪には、あらゆる時代、あらゆる社会で顕著に観察される遺伝的・生物学的基盤がある。それは性差で、女に比べて男のほうがはるかに暴力的・攻撃的なのは明らかだ。

アメリカを例にとれば、男性の殺人は女性の約9倍、強盗は10倍、重度の傷害は6・5倍で、暴力犯罪全体では8倍ちかい。暴力をともなわない犯罪でも詐欺が女性の13・5倍、自動車の窃盗が9倍、放火が7倍、麻薬常習が5倍、子どもや家族への違法行為が4・5倍となっている。女性の違法行為が男性を上回るのは未成年者の家出と商業売春だけだ。[23] こうした犯罪傾向は日本も同じで、男性の殺人は女性の3倍、強盗は15倍、傷害が12・5倍、暴行が10・5倍などとなっている（平成27年版犯罪白書）。

なぜこのようなことになるのだろうか。進化生物学はこれを次のように説明する。

女性は生涯に産める子どもの数に上限があるから卵子はきわめて貴重で、相手の男性を強く選り好みするように進化した。それに対して男性は精子の生産コストが低く、機会さえあれば何人でも子どもをつくることができる――これが、時代と場所を問わず権力を握った男がハーレムをつくろうとする理由だ。

こうした状況では、男は女をめぐって競争するよう進化してきたはずだ。思春期になると男性ホルモンであるテストステロンの濃度が急激に上昇し、女性獲得競争に備えて冒険的・暴力的になるのは霊長類をはじめ両性生殖の多くの動物に共通している。進化が自らの遺伝子の複製を最大化するよう強い圧力をかけているとすれば、思春期の男は女性とセックスするのに手段を選ばなくなるだろう。

一夫多妻の社会では、女性は地位の高い高齢の男に独占されている。それに挑戦し、戦いを挑む蛮勇を持った個体だけが、後世に遺伝子を伝えることができた。そう考えれば、若い男性の犯罪率や事故率がきわめて高く、年をとるにつれて「まるくなっていく」のが進化の必然であることがわかる。

進化のために赤ん坊が殺される

生殖において男と女のもっとも大きなちがいは、女性は自分の子どもを確実に知っているが、(DNA鑑定のなかった時代には)男性には知る術がないことだ。進化のちからが繁殖力(遺伝子の複製)を最大化するようにはたらくとすれば、男性にとっての最大の「進化的損失」は、血のつながらない子どもに貴重な資源を投じることだろう。

日本を含むすべての国で、継親（たいていは子連れの女性と同居する男性）に虐待され、殺される子どもの数は際立って多い。これは、血縁によって子どもが差別されていることを示している。

性差のもうひとつの大きな特徴は、女性にとって出産と子育てに大きなコストがかかることだ。巨大な脳を持つヒトは、出生後も親からの長期の援助がなければ独り立ちできない。多くの社会が一夫一妻制なのは、母親だけで子どもを育てることが困難だからだ。

このことからとりわけ若い未婚の女性は、望まない妊娠をしたときにきわめて困難な選択を迫られる。生殖可能な期間が限られている以上、生き延びる可能性の低い子どもを養育することは「進化的損失」なのだ。もし女性が（無意識に）このような判断をしているのなら、生まれてすぐに（養育コストがゼロのうちに）子どもを殺すことがもっとも「経済合理的」な行動になるだろう。

こうした説明は感情を逆なでするだろうが、カナダの犯罪記録では赤ん坊を殺すのは10代の母親がもっとも多く、年齢が上がるにつれて減少していく。[24] また未婚の母親が産んだ子どもは全体の12％だが、母親による子殺しでは半数を占める。最初に挙げた子殺しの特徴は、進化の観点からすべて理解することができるのだ（P87参照）。

だがこれは、現代社会の病理ではないだろうか。そう考えたくもなるが、これも人類学者の調査によって否定されている。アフリカや南米などの、文明社会と接触のなかった狩猟採集民族でも、赤ん坊殺しは広く行なわれているのだ。

伝統的社会において赤ん坊が殺されるのは、以下の3つの状況のときだ。[25]
① 赤ん坊が父親のほんとうの子どもではない場合。ヤノマモ（南米）やチコピア（オセアニア）の社会では、前の夫とのあいだにできた乳幼児のいる女性と結婚した男性は、妻に、その子たちを殺すよう要求する。
② 赤ん坊の質に問題がある場合。多くの社会で奇形児は幽霊か悪魔と考えられており、出産直後に殺される。
③ 子育てに適した条件がない場合。一部のエスキモーでは、長くてつらい移動の季節に生まれた子どもは捨てなくてはならない。もっと一般的なのは出産間隔が短すぎる場合で、赤ん坊の世話で上の子どもの養育ができなくなる恐れがあると、下の子どもが殺される。同様に双子も、出産直後に一方を殺すことが広く見られる（性別が異なる場合

は男の子が優先される）。

このように現代文明とは隔絶《かくぜつ》した社会でも、ほぼ同じ基準で赤ん坊は殺されていく。さらにいえば、子殺しはヒトだけでなく、チンパンジーなど霊長類でも行なわれている。ハヌマンラングール（オナガザル科）では、メスの子連れ集団を乗っ取ったオスが真っ先にするのは、月齢6～7カ月以下の子ザルをすべて殺すことだ。授乳中のメスは排卵せず、次の子どもを妊娠できないからで、授乳を終えるのを待つより赤ん坊を殺して自分の子を産ませたほうが〝合理的〟[26]なのだ（そのため、生殖を妨げない8カ月齢以上の若いサルにはなんの興味も示さない）。

赤ん坊殺しの背後には、それによって繁殖度を高めようとする進化のプログラムが隠されているのだ。

妻殺しやレイプを誘発する残酷な真実

子どもとの血縁を確認する方法を持たない男性にとって、もっとも大きな進化的損失は、他人の子どもをそうとは知らずに育てさせられることだ。嫉妬という強い感情はここから生まれ、あらゆる社会で妻の姦通がきびしく罰せられるようになった（その反面、多くの社会で夫の不倫は不問に付される）。

夫婦間での殺しの大半は夫の嫉妬が原因だ。妻ももちろん嫉妬することはあるが、それを理由に夫を殺すことはほとんどない。妻が夫を殺すのは正当防衛か、父親の虐待から子どもを守るのが理由だ。

これももちろん現代社会だけのことではなく、インド、ウガンダ、コンゴなどさまざまな伝統的社会で嫉妬から夫が妻を殺しており、男同士の殺人でも女性をめぐる争いが原因のことが多い。人類学者マーガレット・ミードが「嫉妬も暴力もない楽園」として描いたサモアでも、現実には姦通に対する夫の暴力の頻度が高いことがわかっている。

カナダの犯罪記録によれば、夫婦間の殺人には以下のような顕著な特徴がある。[27]

①殺されるのは高齢の妻ではなく若い妻で、とりわけ夫が20歳未満の妻を殺す事件が顕著に多い（ここでは婚姻関係にある妻と内縁の妻、同棲相手を区別しない）。

進化論的にみると、これは一見奇妙な現象だ。女性の繁殖力は年齢が若いほど高いのだから、男にとって若い女は価値が高く、年をとって繁殖力が低くなるにつれて価値も下がるはずだからだ。だがこの現象は、若い妻を持つのは若い夫であることが多く、若い男がもっとも暴力的であることと、女性の繁殖力が高いほど嫉妬も激しくなる（貴重なものを奪われたと激怒する）と考えれば理解できるだろう。

② 年齢差のあまりない夫婦に比べて、年齢差の大きい夫婦での夫の妻殺しが際立って多い。

10歳以上年長の夫が魅力的な若い妻の不倫に理性を失う、というのはありそうな話だ。だがこのデータが興味深いのは、若い夫が5歳以上年長の妻を殺す割合も同様に高いことだ。

なぜこんなことが起こるのだろうか。ここで示唆されているのは、（男の本性は若い妻を持つということだから）妻が5歳以上高齢というのはなんらかの事情がある複雑なケースか、こうした「人間の本性」に反する選択をするのは特殊な人物である（だから犯罪の危険性も高い）というものだが、このかなり差別的な仮説を支持する証拠があるわけではない。

③ 法的婚姻関係にある夫婦に比べて、内縁関係にある男女の殺人がきわだって高い。

これは直感的にも理解しやすい。内縁関係にある（同棲している）のは若い男女に多いだろうから、①で見たようにもっとも危険性の高いグループに入っている。さらに内縁関係にある男女は、一般に都市部の貧困層に多い。これを女性の立場で見ると、パートナーの男性はたいした資源を持っておらず、浮気が発覚してパートナーからの支援がなくなったとしても失うものはそれほど大きくない。貧しい男女の内縁関係では女性の浮気のハードルが低く、それが男性の嫉妬を引き起こして殺人へと至るのだ。

④ 内縁関係にある夫婦では、40代から50代の女性が被害者になる割合が高い。

内縁関係は若い男女に多いのだから、殺人事件の件数も20代から30代でもっとも多くなるのは当然だ。ただしこれを100万組あたりの殺人件数で見ると、40～55歳の妻（および40代前半と50代後半の夫）の被害率がきわだって高くなる。年齢の高い内縁のカップルでは妻が前の結婚で産んだ子どもを連れていることが多く、（前述のように）血のつながらない子どもは義父から虐待されたり殺されたりする危険性が実子に比べてきわめて高い。だとすれば、継子が原因で夫婦間に亀裂が走り、夫が妻を殺したり、正当防衛で妻が夫を殺すようなことが起こるのだろう。

こうしたデータで興味深いのは、一家皆殺しは男しか起こさないことだ。典型的なのは妻と子ども（継子のことが多い）を殺した後に自殺するケースだが、女性はこうした行動をほとんどとらない。

妻が夫を（正当防衛などで）殺すことはあっても、子ども（ほとんどが実子だろう）を手にかけることはない。あるいは、やむをえない事情で子どもを殺さざるを得なくなり、自らも死を選ぶとしても、夫までいっしょに殺そうとは思わないのだ。

オランウータンもレイプする

レイプを進化論的視点から研究したランディ・ソーンヒル（動物学）、クレイグ・パーマー（進化心理学）は、これを生物界ではよく見られる性戦略だとする[28]。

たとえばガガンボモドキ（シリアゲムシ目）のオスは、メスに自分が吐《は》き出して固めた唾液《だえき》か、または昆虫の死骸を差し出して交尾を誘う。この唾液は昆虫の死骸を食べたあとの栄養分を吐き出したもので、〝プレゼント〟を手に入れられなかったオスはメスに相手にされない。そこでプレゼントのないオスは、メスに近づくやいなや、生殖器についた留め金（ペニスの両側についている一対の器官）でメスをつかんでしまう。さらにはメスの片方の前翅《ぜんし》を、翅《はね》の後ろあたりについた鉗子状《かんしじょう》の背部器官によって固定し、交尾のあいだじゅう離さない。ソーンヒルとパーマーは、この器官は他に用途がない以上、メスをレイプするためだけに進化してきたとしか考えられないという。

レイプする昆虫にはさしたる驚きはないかもしれないが、より暗澹《あんたん》とした気持ちになるのは、遺伝子レベルではるかにヒトに近いオランウータンのレイプだ。

あまり知られてはいないが、オランウータンのオスには2種類のまったく異なるタイプがいる。

ひとつは平均体重70キロと（平均体重40キロの）メスよりもはるかに大きく、頭の上が脂肪組織でふくらみ、頬から横にひだが張り出して、キャッチャーマスクをかぶっているように見える（写真などでおなじみの）大型のオスだ。こうしたオスは大きな喉頭《こうとう》嚢《のう》を持ち、それがロングコールを発するときの共鳴装置になる。メスはこの大型のオスに惹《ひ》かれ、ロングコールのするほうに近づいていく。

もうひとつのタイプは小型のオスで、体格はメスと同じくらいだが思春期にさしかかったばかりの若者ではなく成熟した大人である。このタイプのオスは途中で成育が止まるが、テストステロン値でみるかぎり生殖能力は完全で、突然急速な成長を開始して大型のオスになることもある（オスの成長が止まるのは近くに大型のオスがいるためだという徴候《ちょうこう》があるが、大型のオスがいても成長する場合もある)。

オランウータンの観察が始まった当初は、小型のオスは単なる若いオスだと思われていたが、やがて彼らが特殊な性行動をとることがわかってきた。先に述べたように、オランウータンのメスは大型のオスに惹かれるから、小型のオスは人気がない。そこでどうするかというと、メスをレイプするのだ。

自然界におけるオランウータンのレイプを最初に報告したのはイギリスの動物学者ジョン・マッキノンで、彼は次のように書いている。

「メスは恐がってオスから逃げようとしたが、追いかけられて捕まり、ときには殴られたり咬《か》まれたりする場面もあった。メスはときどき悲鳴をあげた。メスと一緒にいる子どもは、悲鳴をあげながら交尾をしているオスに咬みつき、毛を引っぱり、蹴《け》る。オスは物をつかむのに適した足を使って、メスの腿《もも》をつかむか腰にまわすかするのだが、メスは腕を使って体を引き抜こうとして暴れ、移動していく。オスもそれにあわせて移動する。樹上ではじまった交尾が地上で終わった例も一例あった。こうしたレイプはおよそ10分間つづく」

マッキノンは調査期間中に8例の交尾を観察したが、そのうち7例はこうした〝レイ

プ〟だった。【29】

夫婦間のレイプはなぜ起こるのか?

男性(ヒトのオス)は思春期になると、女性をめぐるきびしい競争に身を投じることになる。だがこの競争はフェアプレイで行なわれるわけではない。自然は道徳的なものではなく、さまざまな戦略をとる個体のうち、後世により多くの子孫を残した遺伝子が生き残っていくだけだからだ。そう考えれば、オランウータンの小型のオスと同様に、ヒトのオスのレイプも進化の適応である可能性は否定できない。女性獲得競争で不利な要素があるとして、それですぐにあきらめてしまうような遺伝的プログラムは、性淘汰のなかでとっくの昔に消えてしまったはずなのだ。

ところで、男の側がレイプを進化させてきたとすれば、女の側でもそれへの対抗策を進化させてきたはずだ。

ソーンヒルとパーマーは、レイプされた女性がオルガスムを感じないことがひとつの対抗策ではないかと述べている。【30】女性がオルガスムを得るとオキシトシンという性ホルモンが分泌され、これによって子宮が収縮し、スポイトのようにより多くの精子を吸い上げる。レイプではこの効果がないため、妊娠しにくいのではないかという。

レイプされた女性は、当然のことながら大きな精神的ショックを受けるが、これも進化論的な適応の可能性がある。

女性がレイプされると、利害関係を持つ男性（とりわけ夫）の怒りは、レイプ犯はもちろんのことながら、被害者である女性にも向けられる。じつはレイプを装っているだけで、合意のうえでのセックスではないかと疑うのだ。その結果、夫からの資源の提供を打ち切られると、レイプ被害者は生きていけなくなってしまう。そのように考えれば、レイプによって激しく傷ついた姿を見せることで夫の嫉妬や疑いをかわすように進化したとしても不思議はない。

そしてこの仮説は、被害者に対する暴力の程度と心理的な苦痛に負の相関があることで補強される。暴力的に関係を迫られた証拠が身体に残っているほうが、レイプされた女性の精神的苦痛が少ないことがわかっているが、これは一方的なレイプだった（合意のうえでのセックスではない）ことを夫に信じてもらいやすくなるからだろう。

ソーンヒルとパーマーはここからさらに進んで、レイプ犯の子どもを産むことが女性にとって進化の適応である可能性すら指摘する。性淘汰の目的が後世により多くの遺伝子を残すことであれば、フェアプレイで競争する個体よりも巧みにレイプする個体のほうが有利かもしれないのだ――ここまで読んでほとんどのひとは不快な気分になっただろうが、これが進化心理学の典型的な考え方だ（これについての興味深い反論は10章を参照）。

ただし次のような指摘は、不愉快だけれど納得できる。

近年は夫婦間や、長くつき合っているカップルのあいだでもレイプが起こることがわかってきた（米国では10～26％のカップルが結婚生活中にレイプされたと報告している[31]）。こうしたレイプはほとんどが、男性が妻や恋人の不倫を疑ったときに起こっている。

なぜ嫉妬にかられた男は妻や恋人を犯すのか？

彼が〝進化論的に合理的〟であるとすれば、その目的は自分の精子を子宮に注入することだ。そうすれば、ライバルの精子に打ち勝つ可能性が多少はあるのだから……。

〔コラム5〕◉実の親と義理の親の子殺し

家庭内では男が妻や同棲相手の（自分とは血縁関係にない）子どもを虐待したり、殺

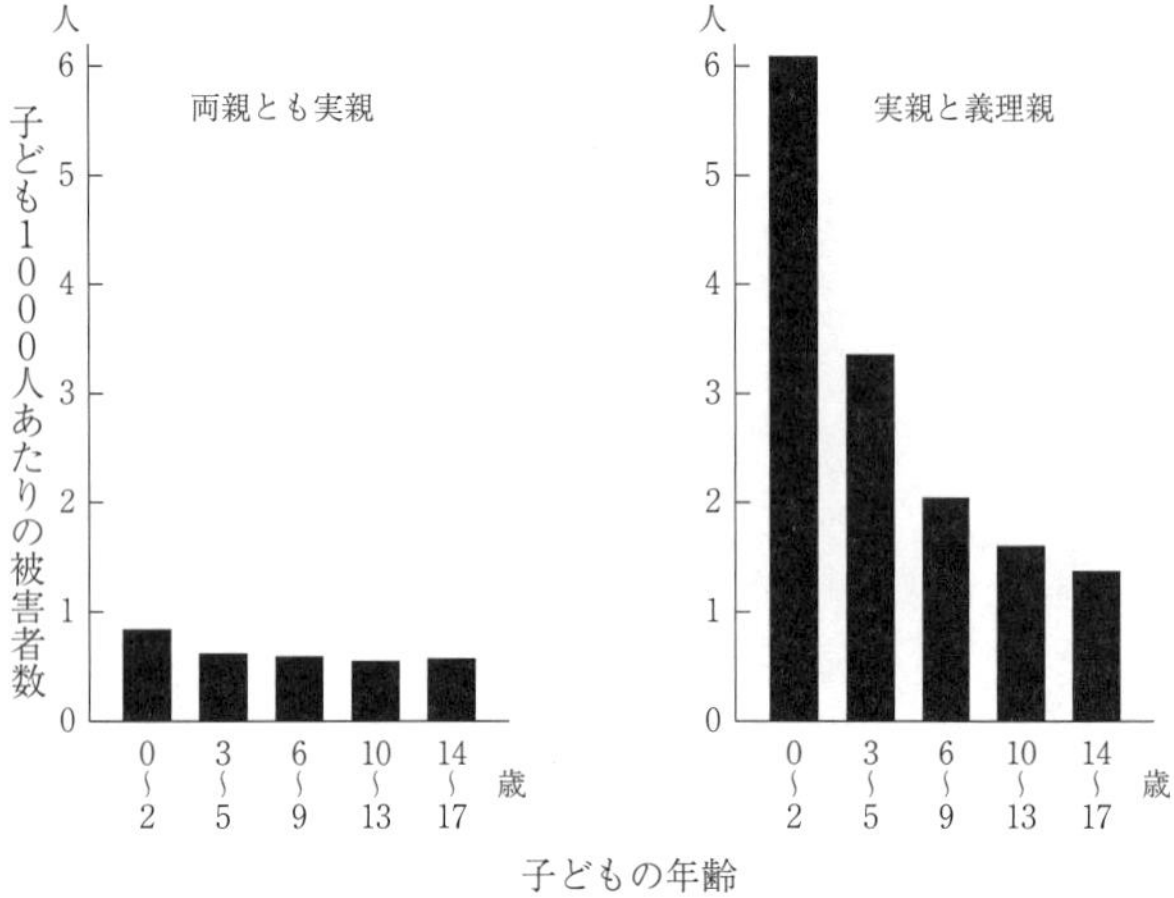

【図4－1】：アメリカ人道協会で確証された、1000人あたりの子どもの虐待数〈1976年〉

したりすることが際立って多い。また母親による子殺しのうち、男から強要されて生まれたばかりの実子を殺す事件がかなりの割合に達する。こうした主張を受け入れがたいと感じるひともいるだろう。

　だが反論の前に、上のデータを見てほしい。

　図4－1はアメリカ、図4－2はカナダの児童虐待についての記録をもとに、両親ともに実の親の場合と、実の親と義理の親（大半が義理の父親と母親の連れ子）の場合で、子どもの年齢によって虐待数がどのように変わるかを調べたものだ。[32]

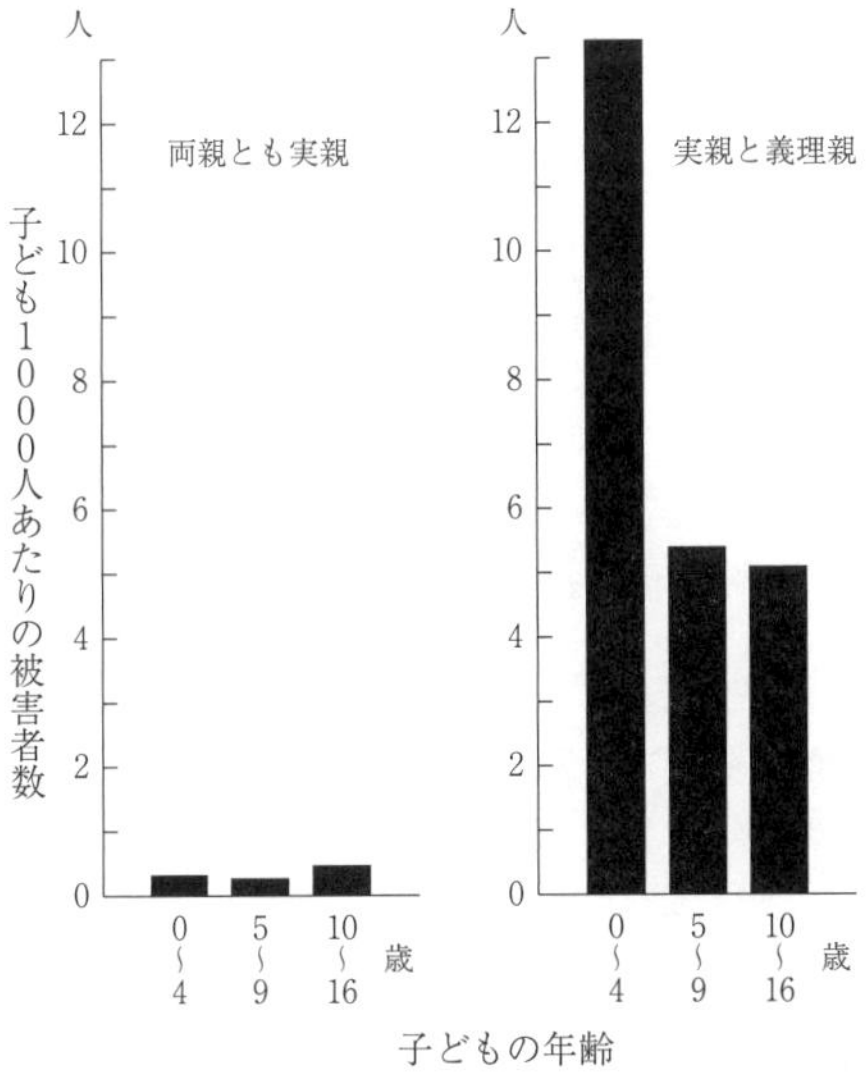

【図4－2】：カナダの児童養護協会からオンタリオ州ハミルトン市役所に報告された、1000人あたりの子どもの虐待数〈1983年〉

ここからわかるように、両親ともに子どもと血のつながりがある（遺伝子を共有している）ケースでは、子どもの年齢にかかわらず虐待数はほぼ一定だ。それに対して両親の一方が血縁関係にないケースでは、児童虐待の総数が多いのはもとより、子どもが幼いほど虐待の被害にあっていることが明白だ。この事実は、「生まれたばかりの赤ん坊は養育コストが投じられていない分だけ、（無意識のうちに）利害得失を計算してあきらめやすい」という進化心理学の仮説と整合的だ。逆にいうと、子どもが成長するにつれて養育の累積コストも大きくなり、母親はより強く子どもを守ろうとするだろう。

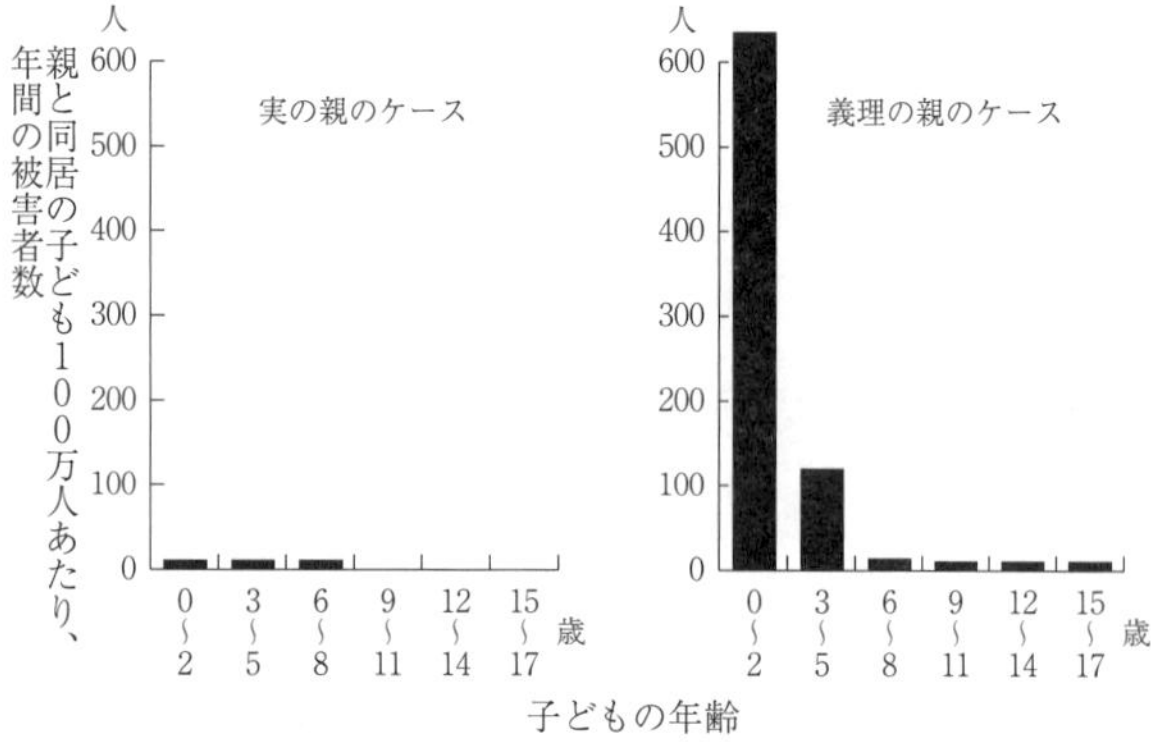

【図4－3】：子どもの年齢ごとで調査した実の親と義理の親により殺される危険性〈1974〜83年〉
（図4－1〜3はデイリー他、『人が人を殺すとき』より作成）

このことは図4－3を見るとよくわかる。これはカナダの犯罪記録をもとに、実の親と義理の親で子どもが殺される危険性を年齢別に推計したものだ。

当然のことながら、実の親は子どもをほとんど殺さない。一方、義理の親による子殺しは子どもが2歳までのときに集中し、6歳以降は大きく下がる。これは、子どもと血縁関係にない男性と暮らすようになった母親が、虐待には見て見ぬふりをしても、成長した子どもを殺すことには激しく抵抗するためだと考えられる。

誤解のないように述べておくと、これはあくまでも「義理の父親と母親の連れ子」のケースで、養子のいる家庭とは関係ない。欧米では子どものいない夫婦や子育ての終わった家庭で養子を受け入れることが珍しくないが、養親は一般に裕福なことが多く、養子がうまく馴染めない場合は仲介者に戻すこともできるため、虐待などの事件はきわめて少ない。

またこれらのデータをみればわかるように、カナダにおいて血のつながらない2歳以下の子どもを殺した男(義理の父親)は1万人あたり6人、4歳以下の子どもを虐待したのも100人あたり1人強だ。妻の連れ子と暮らす男性はたくさんいるだろうが、そのほとんどが暴力とは無縁の家庭を営んでいることも強調しておきたい。

〔コラム6〕◉家庭内殺人と血縁

犯罪統計では、殺人の多くが家庭内で起きている。これだけを見ればもっとも危険な場所は家庭で、「午前3時のセントラルパークよりも家族といるほうが危ない」などといわれる。だがこれは、典型的な統計の誤用だ。

セントラルパークはニューヨーク市民の憩いの場だが、深夜に散歩したいというひとは多くない。それに比べて家族といっしょに夜をすごすひとはものすごくたくさんいるし、その時間も長い。正しい統計をとるなら、午前3時にセントラルパークを1時間散歩することと、同じ1時間を家族とともにいることの危険性を比較しなければならない。

家庭が安全なのは、ひとは自分と血縁関係にある近しいひとに危害を加えようとは思わないからだ。だが家族だからといって、なにもかも丸くおさまるわけではない。関係が深いからこそ、ときに利害がはげしく対立することもある（どうでもいいひとを恨んだり憎んだりはしない）。そしてデータは、家庭内のトラブルが血縁関係のない構成員（夫と妻、ないしは義理の父親と継子）のあいだで起こりやすいことを示している。

嫉妬にかられた夫が妻を殺したり、暴力に耐えかねた妻が夫を殺す、というのはよくある事件だが、実子や実の親を殺すのは例外的な出来事で、きょうだい間の殺人もほとんど起きない。ただし、親子ときょうだいでは愛情が異なるようだ。

イギリスの経済学者ニック・ポータヴィーは、さまざまな「幸福」を金銭に換算している[33]。それによると、家族と死別したときのかなしみを埋め合わせる賠償額は、配偶者が5000万円、子どもが2000万円に対し、きょうだいはわずか16万円で友人（130万円）よりも少ない（原著はポンド表示だが円建てに換算した）。

幼いころは親しかったきょうだいも、齢を重ねるにつれて疎遠になっていく。絆の価値がたった16万円なら、相続が「争続」になるのも無理はない。

5 反社会的人間はどのように生まれるか

こころを支配するもの

マイケル・オフトは中流階級に属する平凡なアメリカ人中年男性だった。刑務所職員として働いたのち大学で修士号を取得し、バージニア州の学校教師になった彼は、子どもを教えることが好きで、再婚した妻のアンと12歳の義理の娘クリスティーナをこころから愛していた。

ところが40歳になる頃から、オフトの態度はゆっくりと変わりはじめる。それまでまったく関心を示さなかった風俗の店に通うようになり、児童ポルノを収集しはじめた。妻が週に2度、パートの仕事で午後10時まで外出するようになると、義理の娘クリスティーナが寝ているベッドにもぐり込み、彼女の身体に触るようになった。

クリスティーナは義父を愛していたものの、その行為が許されないものであることはわかった。思い余った彼女がカウンセラーに相談したことで、オフトはチャイルド・セクシャル・アビューズ（児童性的虐待）の罪に問われ、ペドフィリア（小児性愛）と診断されて治療施設に送られることになる。ところがそこでも女性スタッフや患者を性的に誘惑し、施設を追い出されて刑務所に行かざるをえなくなった。

収監の前日、オフトは州の大学病院で頭痛を訴えた。精神病棟に入院させたところ、彼が最初にしたのは女性看護師への性的行為の要求だった。本来なら強制退院が当然だが、一人の医師が、この患者が小便を漏らしてもまったく気にかけず、歩き方もぎこちないことに気がついた。そこで脳スキャンにかけてみると、眼窩《がんか》前頭皮質の基底に大きな腫瘍ができていることがわかったのだ。

脳外科医がその腫瘍を切除すると、オフトの症状は劇的に改善した。義理の娘に性的な悪戯をしたことに良心の呵責を感じ、女性看護師に性交渉を要求することもなくなり、セックス中毒者のセラピーを受けて7カ月後には妻と娘の待つ家に戻ることができた。

奇跡の物語だが、話はこれで終わらない。

帰宅から数カ月後、妻のアンがオフトのパソコンに児童ポルノ画像が保存されているのを見つけたのだ。再発を疑ったアンが夫を病院に連れていくとふたたび脳の腫瘍が発見され、2度目の腫瘍切除手術で症状は消失した。それから6年間、オフトの性衝動と行動は通常のレベルを維持している——[34]。

こころが脳の機能だとすれば、脳の器質的障害が異常行動を誘発したとしてもなんの不思議もない。近年の脳科学研究の急速な進歩によって、テストステロンなどのホルモンがひとの行動に大きな影響を与えることも明らかになった。

だが私たちは、こころとは一見なんの関係もない生理的特徴によって人生を支配されているかもしれない。それが心拍数（1分間の鼓動の回数）だ。

心拍数と反社会的行動の因果関係

攻撃的で支配的なウサギは、おとなしく従属的な個体に比べて安静時心拍数が低い。さらに、ウサギの支配関係を実験的に操作すると、支配力（群れの中での地位）が上がるにつれて心拍数が下がる。これと同じ相関関係はボノボ（チンパンジー属）、マカク（オナガザル科）、ツパイ（リスに似た哺乳類）、マウスなど動物界で広範に見られる。

では、人間ではどうだろうか。

神経犯罪学者エイドリアン・レインはイギリスの大学で研究していたとき、反社会的な学生の安静時心拍数が低いことに興味を抱いた。これが偶然かどうかを知るために40本の論文（被験者の子どもの総数５８６８人）を調べたところ、安静時心拍数は反社会的な行動に関する被験者間の差異のおよそ5％を説明した。これは医学的には、喫煙と肺がん発症との関係よりもはるかに強い。

次にレインは、ストレス時の心拍数も調べてみた。これは「１０００から逆向きに7つ置きで数える」というような課題を与えられたときの心拍数だ。ストレス時心拍数は、反社会的行動に関する変動の12％を説明した。これは家庭用妊娠テストキットの正確さや不眠症を改善する睡眠薬の効果などに匹敵する。

心拍数の性差は早くも３歳の時点で見られ、男子の心拍数は女子より1分間に６・１回少ない。男性の犯罪者は女性よりはるかに多いが、この心拍数の性差は、反社会的行動の性差が現われはじめる前に出現する。

幼少時に測定した心拍数が、成人後の反社会的行動に結びつくことを示す経年研究も行なわれている。イギリス、ニュージーランドなどで実施された5件の経年研究によれば、子どもの頃（早くは3歳の時点）の心拍数の低さが後年の非行、暴力、犯罪の予測因子になることが示された。

もちろん、反社会的な子どものすべてが心拍数が低いわけではない。そこでレインは、15歳のときに反社会的な態度をとっていて、29歳までに犯罪者になった者と、成人後に反社会的にも犯罪者にもならなかった者とを比較してみた。その結果、犯罪者にならなかったグループは、犯罪者になったグループに比べて安静時心拍数がかなり高いことが判明した。心拍数の高い子どもは、非行に走ったとしても大人になれば更生するのだ。

心拍数の低さと反社会的、攻撃的な行動はなぜ相関するのだろうか。これについてはいくつかの説明が提示されている。

ひとつは恐怖心のなさ。「安静時」とはいえ、被験者の子どもは不慣れな環境で、見知らぬ大人の監督のもと、電極をとりつけられて心拍数を計測されるのだから、軽いストレスを受けている。そのような状況では、臆病で不安を感じやすい子どもの心拍数は上がるだろう。心拍数の低さは、恐れの欠如を反映しているのだ。

このことは、爆発物解体の専門家の心拍数がとりわけ低いという事実とも合致する。彼らは一般のひとより恐怖を感じる度合いが低く、それを有効に使って社会に貢献しているのだ。

2つ目の説明は、心拍数の低い子どもは高い子どもよりも共感力が低いというもの。

共感力を欠く子どもは他人の立場に身を置くことができず、いじめられたり殴られたりするとどんな気分になるか想像できない。同様に、共感力の低い成人は他人の感情に無関心で、反社会的・攻撃的になりやすいのかもしれない。

3つ目の説明は刺激の追求だ。覚醒度の低さが不快な生理的状況をもたらし、それを最適なレベルに上げるために刺激を求めて反社会的行動に走る。

この仮説では、ひとにはそれぞれ快適かつ最適な覚醒度があると考える。心拍数が低いと容易にその覚醒度に到達できず、誰かを殴る、万引きする、麻薬に手を染める、などの方法で刺激を高めようとするのだ。

もちろん、こうしたとってつけたような説明を胡散臭く感じるひともいるはずだ。だが「心拍数で将来の犯罪を予測できる」という仮説が、大規模な実証実験によって証明されているとしたらどうだろう。

犯罪者になる子ども、実業家になる子ども

モーリシャスは、マダガスカル東方のインド洋に浮かぶ人口130万人あまりの小島だ。かつては英仏の植民地で、アフリカやインドから連れてこられた労働者がプランテ

ーションで働いていたが、いまでは豪華なリゾートで知られている。そのモーリシャスが1967年、世界保健機関（WHO）によって、「将来的に臨床障害を発達させる危険性を持つ子ども」に関する研究地に選ばれた。

このプロジェクトの経年研究では、3歳の同齢集団1795人が、おもちゃのある部屋でも母親から離れない「刺激を避けるタイプ」と、何のためらいもなくおもちゃで遊ぶ「（刺激を追求する）冒険家タイプ」に分けられた。それから8年後、子どもたちが11歳になったときに「けんかをする」「人を殴る」「人を脅す」などの攻撃性を含む問題行動を両親にチェックしてもらうと、3歳時点で刺激追求度が高かった子ども（上位15％）は11歳時点での攻撃性がより高いことがわかった。

だがこれは、3歳のときに冒険的だった子どもがみんな非行に走ったり、犯罪者になるということではない。

ラジ（少年）とジョエル（少女）は、被験者のなかでももっとも心拍数が低く、最高レベルの刺激追求度と恐怖心のなさを示していた。

少年ラジは成人すると、盗み、暴行、強盗などの罪状で有罪判決を受けた。彼は典型的なサイコパスで、他人を恐れさせ、従わせることに快楽を覚えた。「暴力の犠牲者を気の毒に思うことはあるか」と訊くと、「ない。良心を求めているのはやつらで俺ではない」とこたえた。ラジにとって、人生は快楽と興奮を求める制限のないゲームだ。

一方、少女ジョエルはラジとはまったく異なる人生を歩んだ。彼女はたしかに恐れを知らず、つねに刺激を求める大人に成長したが、その願望をミス・モーリシャスになることで実現したのだ。

ジョエルは、子どものときの自分を振り返って、何でもためしてみよう、世界を探検しよう、みんなの前に積極的に出ようと考えていたと述べる。

「人生についてさまざまなことを知りたかった。私にとってもっとも重要なのは、自分を表現することだった」[35]

この話で真っ先に思いつくのは、ヴァージン・グループ創設者のリチャード・ブランソンだ。ディスレクシア（難読症）で16歳のときにパブリックスクールを中退したブランソンは、趣味で始めた中古レコードの通信販売で成功し、「ヴァージン・レコード」を立ち上げると、セックス・ピストルズやカルチャー・クラブなどの人気ミュージシャンを擁する大手レコード会社の一つへと成長させた。

ヴァージン・レコードをEMIに売却すると、次にブランソンは音楽業界とはまったく畑違いの航空産業へと事業を転身させ、ヴァージン・アトランティック航空を設立。ボーイング747のリース機1機から始まったこの航空会社は、現在では世界じゅうに路線を持ち、傘下に格安航空会社ヴァージン・エキスプレス(ヨーロッパ)やヴァージン・オーストラリアを持つまでに成功した。

ブランソンは冒険家としても知られ、飛行機による無着陸世界一周飛行や熱気球での太平洋、大西洋横断で話題を集めた。[36] こうした冒険は事業のPRのためだといわれたが、モーリシャスでの実験を知ると、ブランソンの心拍数をぜひ調べたくなる。

心拍数の低い子どもは刺激を求めて反社会的な行動に走ることが多い。覚醒度の低さが生理的に不快で、覚醒剤のような麻薬に手を染めるのかもしれない。

だがもしその子どもが知能や才能に恵まれていれば、社会的・経済的にとてつもない成功を手にするかもしれない。そもそもベンチャー企業の立ち上げなど、恐れを知らない人間にしかできないのだ。

「発汗しない子ども」は良心を学習できない

モーリシャスの大規模実験では、3歳児が不快な刺激にどのように反応するかが、皮膚コンダクタンス（きわめて微弱な電流を流したときの発汗量）によって計測された。ヘッドフォンを通してまず低音が与えられてから10秒後に不快な騒音が流される。これを数回繰り返しただけで、パブロフの犬同様、3歳児は低音が流されると同時に発汗するようになる。

この実験から20年がたち、被験者が23歳になったとき、研究者たちは島内のすべての裁判記録から、どの子どもが成人後に犯罪者になったかを調査した。1795人の被験者のうち137人が有罪判決を受けていたが、彼らは（犯罪と無関係の）正常対照群に比べて、3歳時点の恐怖条件づけで際立ったちがいがあった。一般の子どもは、不愉快な音を予告する低音を聞くと、発汗量が増加する。ところが将来犯罪者になる被験者には、この反応がまったく見られなかったのだ。

この発見は、幼少期における自律神経系の恐怖条件づけ機能の障害が、成人犯罪を導く因子として作用し得ることを示唆している。「発汗しない子ども」は、親がどれほど厳しくしつけても、良心を学習することができないのだ。

だが神経犯罪学者のレインは、ここでさらに予想もしない実験を考えつく。彼は、刑務所に収監されていない「賢い（上首尾な）サイコパス」の心拍数と皮膚コンダクタンス反応を測ろうとしたのだ。

そもそも、警察に捕まっていないサイコパスをどのように見つければいいのだろうか。レインは、彼らが集まっている場所はどこかを考えた。それは臨時職業紹介所だ。「賢いサイコパス」は犯罪者であることを知られずに社会に紛れ込んでいるのだから、ふつうのひとたちといっしょに働いているはずだ。だが彼らは刺激を求めており、退屈な会社勤めを長く続けることができないだろうし、一見ひとあたりがよくても、いずれその正体が周囲に知られることになる。その結果、彼らは頻繁に転職を繰り返すことになり、その間、職業紹介所に一時的に滞留するのだ。

そこでレインは、職業紹介所で心理学実験の協力者を募り、集まった被験者に「最近どんな罪を犯したのか?」と質問してみた。彼らが「賢いサイコパス」なら、そんなことを正直にしゃべるはずがないと思うだろう。だが案に相違して、多くの被験者が自分の「犯罪体験」を嬉々として話し出したのだ。

理由のひとつは、レインたちの研究がアメリカ厚生省長官から機密保持の認証を受けていたことにある。インタビュー前に被験者は、どんな秘密を打ち明けても不利益にはならないと説明される。

だがそれ以上に決定的なのは、彼らが自分の体験を誰かに話したがっていたことだ。彼ら「賢いサイコパス」は、レイプや殺人を含め、自分の犯した悪事について、生まれてはじめて思う存分語る機会を得たのだ。

「賢いサイコパス」と「愚かなサイコパス」

一般集団における男性の反社会性パーソナリティ障害の基準率は3%だが、職業紹介所で募集した被験者では基準率24・1%という驚異的な値が得られた。彼らのうち43%にはレイプの、53%に傷害の経験があり、29%は武装強盗、38%は他人への発砲、そして29%は殺人未遂もしくは殺人をおかしていた（すべてを足すと100%を大きく超えるのは、これら複数の犯罪に手を染めているからだ）。それなのに彼らの多くは、これまでいちども警察の捜査対象になったことがないのだ。

こうしてレインは、社会に潜む「賢いサイコパス」のサンプルを手に入れた。次にこのサンプルと、刑務所に収監されている「愚かな（不首尾な）サイコパス」、および犯罪とは無縁の一般のひと（正常対照群）とを比較してみた。

ストレスに対する皮膚コンダクタンス反応では、「愚かなサイコパス」は理論が予想するとおり、発汗のない低い値しか示さなかった（良心を学習する能力がなかった）。だが「賢いサイコパス」は正常対照群と同様に、ストレスによって発汗率が上昇した。すなわち彼らは、ふつうのひとと同じ自律神経系の素早い反応を持っていた。

次にレインは、計画、注意、認知の柔軟性など「実行機能」を測定してみた。これは企業経営者として成功するために必須の能力で、「愚かなサイコパス」は正常対照群に比べてこの能力が著しく劣っていた。だが「賢いサイコパス」は、「愚かなサイコパス」はもちろん、一般のひとを上回る高い実行能力を持っていたのだ。

「賢いサイコパス」は、恐怖条件づけで良心を学習することもできたはずだし、企業経営者にも劣らない高い能力も持っていた。ではなぜ、彼らは犯罪の道を選んだのだろうか。

これについてレインは2点指摘している。

ひとつは、「賢いサイコパス」には養子に出されたり、孤児院などの施設で育てられたケースが多かったこと。実の両親との結びつきが弱かったために、親密な社会関係を形成する機会を逃したと考えられる。

そしてもうひとつの明確な要因が、心拍数の低さだ。

「賢いサイコパス」の安静時心拍数は、「愚かなサイコパス」と同様に明らかに低かった。だが大きなちがいは、ストレスを与えられると正常対照群と同じ値まで一気に心拍数が上がることだ（図５－１）。

この刺激が快感になるなら、「賢いサイコパス」は心拍数を急上昇させるような体験を何度も求めるだろう。

もちろんここで述べたことはすべて仮説の域を出ず、研究も緒についたばかりだ。心拍数のような単純な生理現象が犯罪を生むというのは衝撃的だが、しかし考えてみれば、すべての感覚的・生理的刺激は脳で処理されるのだから、そこから固有の性格や嗜好が生じたとしても不思議はないのかもしれない。

少年犯罪者や異常性欲者への驚愕の治療法

愛情と思いやりに満ちた裕福な家庭で育てられたダニーは、早くも3歳の頃には手のつけられない問題児だった。ものを盗み、巧みなウソをつき、10歳で麻薬の売買に手を出した。成長してたくましくなると車を盗み、麻薬の取引のために母親から宝石を脅し取り、15歳のときには少年院に18カ月拘置された。

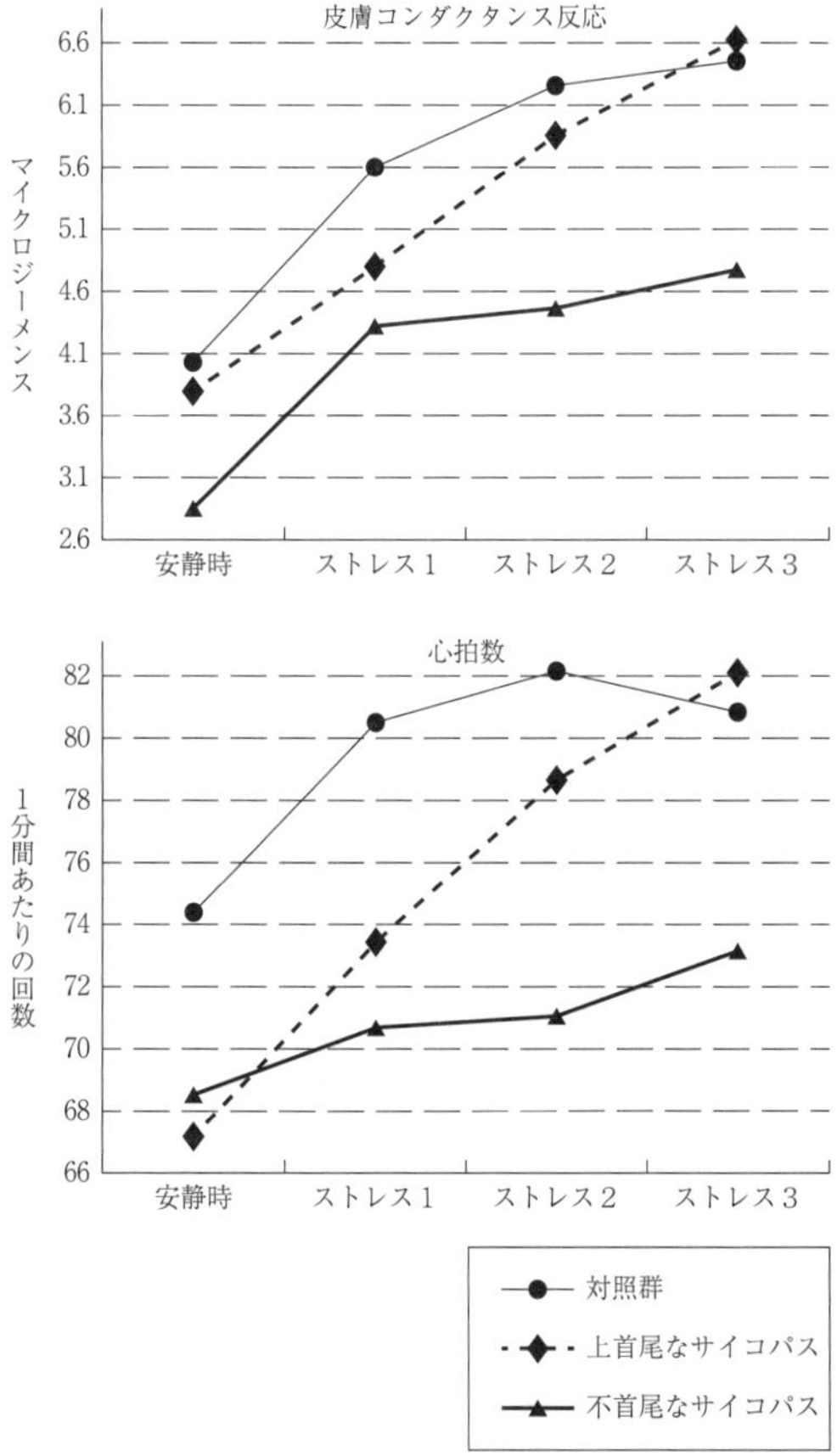

【図5－1】（上）：対照群（一般人）、（逮捕歴のない）上首尾なサイコパス、（逮捕歴のある）不首尾なサイコパスのストレスによる発汗量（皮膚コンダクタンス反応）

（下）：同じ三者で心拍数を比較したグラフ

（A・レイン『暴力の解剖学』をもとに作成）

ワラにもすがりたい思いの両親は、少年院を出たダニーを「脳を変える」というあやしげな診療所に連れて行った。最初の検査では、前頭前皮質に過度に遅い脳波の活動が検出された。これは覚醒度の低さの典型的な徴候だ。

診療所はダニーに電極が装着された帽子をかぶせ、パックマンなどのビデオゲームをやらせた。これで集中力を維持し、覚醒度の低い未熟な皮質を鍛錬するというのだ。

ほとんどのひとはこれをバカバカしいと思うにちがいない。札付きの不良がパックマンをやったからといって、いったい何が変わるというのか。

だが、その効果は劇的なものだった。1年間のセッションで、ダニーは通信簿にFが並ぶ非行少年からオールAの優秀な生徒に変貌したのだ。治療が完了したあと、ダニーは次のように過去の自分を述懐している。

「学校はまったくおもしろくなかったけど、犯罪にはほんとうに興奮した。とにかく、警官を出し抜いて派手に暴れ回りたかった。それがイカすことだと思ってたんだ」[37]

犯罪と心拍数の関係でわかるように、脳は家庭や学校のような外的な環境よりもむしろ体内の生理的な刺激から強い影響を受ける。覚醒度の低い子どもは無意識のうちにより強い刺激を求め、それが犯罪を誘発するのだ。

もうひとつ、特徴的なケースを挙げよう。

ビル・モリルは制御しがたい性衝動があり、結婚してからも売春婦を買うことがやめられず、あらゆる機会にセックスを求めた。その性衝動は、そこから逃れるために自殺を考えるほど強烈なものだった。

そんな彼が最後に頼ったのは、異常な性欲を治療する専門病院だった。そこで処方されたのが、SRI（セロトニン再取り込み阻害剤）と呼ばれるありふれた抗うつ剤だ。脳内物質であるセロトニンの濃度を高めることでうつを軽減させる薬だが、驚いたことにそれを飲んだだけでビル・モリルの性衝動はほとんどなくなり、勃起を長時間維持することもできなくなって、妻がせがんだときだけセックスするようになった。じつはSRIには、性衝動を減少させる副作用があったのだ[38]。

これらの例は、犯罪（の一部）が治療可能な病気であることを示している。だとしたら、私たちの未来はどのようなものになるのだろう。

脳科学による犯罪者早期発見システム

2006年、アメリカ、フィラデルフィアで殺人容疑で逮捕された者の22％は執行猶予中、もしくは仮釈放中だった。そこで犯罪学者たちは、機械学習を用いた統計技術を駆使して、どの仮釈放者が再び殺人をおかすかの予測を試みた。それは基本的な人口統計学的データと犯罪前の履歴データを使った単純なものだったが、それでも釈放後2年以内に殺人罪で告発される者を43％の確率で正しく選び出した。

こうした研究成果の蓄積を受けて、神経犯罪学者のエイドリアン・レインは「ロンブローゾ・プログラム」という犯罪者早期発見システムが運用される近未来社会（2034年）を描いている[39]。

このプログラムでは、18歳以上の男性は全員、病院で脳スキャンとDNAテストを受けなくてはならない。

「基本5機能」の検査は、①構造的スキャンによる脳の構造の検査、②機能的スキャンによる安静時の脳の活動の検査、③拡散テンソルスキャンによる白質の統合度と脳の接続性の検査、④MRスペクトロスコピーによる脳の神経化学の検査、⑤細胞機能の精査による細胞レベルでの2万3000の遺伝子における発現状態の検査、からなる。

ちなみにこれらの検査は現在の医療技術で可能なもので、それによってLP－V（ロンブローゾ陽性—暴力犯罪）に属すると評価された者の79％は重大な暴力犯罪を、LP

－S（ロンブローゾ陽性─性犯罪）の82％はレイプか小児性犯罪を、LP－H（ロンブローゾ陽性─殺人）の51％は殺人を、5年以内に犯すと予測できる。[40]――これも架空の話ではなく、現実のデータから推計されたものだ。

ロンブローゾ・プログラムは次のように実施される。

いずれかの基準で陽性と評価された者には、特別施設への無期限の収容が言い渡される。擬似陽性のおそれもあるため、陽性と評価された者は評価に異議を唱え、第三者による再テストを要求する権利が法的に保証されている。

収容施設は厳重な警備の下に置かれているが、彼らはまだいかなる犯罪もおかしていないのだから、第二の家庭として機能するよう設計されており、週末には配偶者の訪問も許される。レクリエーションや教育にも配慮が行き届いていて、選挙の投票もできる。

収容者には教育など社会的なものだけでなく、薬物治療や脳深部刺激療法など脳科学的なさまざまな治療がほどこされ、それによってLPステータスも変わるため、全員が毎年再テストを受ける。もっとも犯罪をおかしやすいのは思春期から青年期なので、年齢とともに自然にLPステータスが正常範囲内に戻る者もいる。こうした収容者は保護観察期間を設定して社会に戻され、それを無犯罪で終えればLPステータスは完全に外されて一般市民として生きていくことができる。

また本人の希望によるが、LP－S（ロンブローゾ陽性―性犯罪）で収容された者は、去勢などによってテストステロンの濃度を下げれば出所が認められる。

潜在的な犯罪者の管理を始めた政府は、次にLP－Pというステータスを導入する。これは「ロンブローゾ部分陽性」のことで、施設に収容するほどではないが、一般市民に比べて犯罪をおかす危険性が有意に高い層だ。警察はLP－Pと評価された者のデータベースを保有しており、犯罪捜査にあたっては容疑者としてまずこのデータベースが参照される。ただしLP－Pの多くは犯罪とは無縁の人生を送るのだから、このデータベースは厳重に管理され、本人にもそのステータスが知らされることはない。

これらの措置によって、殺人などの凶悪犯罪の発生率は25％程度低下するだろうとレインは予測している。

子どもの選別と親の免許制

レインの描く近未来では、ロンブローゾ・プログラムの成功を受けて、政府は次に「全国子ども選別プログラム」を開始する。これは10歳の子ども全員を対象に、生理機能、心理、社会関係、行動の評価を行ない、それを幼少期のデータと統合しながら分析することで、将来の犯罪を予測しようとするものだ。

このプログラムが洗練されてくれれば、親は、「あなたの長男が成人後に暴力犯罪者になる可能性は48％、殺人をおかす可能性は14％」などという報告を受けることになる。

もちろん、まだなんの罪もおかしていない子どもを強制的に施設に収容することなどできない。しかし危険因子のある子どもを持つ親には、2年間、親元を離れて集中的なバイオソーシャル・セラピーを受けさせる選択肢が与えられる。このセラピーによって、子どもが成人後に犯罪者になる確率を有意に引き下げることができる。

犯罪の生物学的基礎を考えるならば、10歳のときに矯正を始めても効果に限界がある。そこで政府は、遺伝的な問題や乳幼児期の家庭環境に対処するため、「子どもを産むにはまず免許を取得しなければならない」という法律をつくるかもしれない。自動車は社会にとって有益だが、同時に危険でもあるので、車の運転には免許の取得が義務づけられている。それと同様に、新しいメンバーは社会にとって必要だが、同時に市民社会に対する脅威にもなりかねないのだから、「親の免許制」の発想が出てくるのは当然なのだ。

親の免許制は、「親のよき行動は、子のよき行動を導く」をスローガンに、子どもの人権と保護をなによりも優先する。

免許の取得にあたっては、男女は妊娠前に養育に関する基本知識を習得する必要がある。それは生殖機能の仕組みから始まって、胎児期の栄養補給、ストレスの除去、乳児の欲求、成長期の子どもに対するしつけやサポートの仕方、ティーンエイジャーとの接し方などで、その最終目標は責任ある市民になることだ。免許制によって親への教育が徹底されれば、煙草やアルコールによる胎内環境の汚染で脳に器質的な障害が生じるような不幸な事例を防ぐこともできるだろう（Ｐ１１６参照）。

親の免許制では、試験を通って免許を取得しなければ出産が許されない。これは当然、学習障害を持つひとたちへの差別として大きな問題になるだろう。だがそれでも、「安全な社会」を求めるひとびとの要求のほうが強ければ、将来、このような制度が導入されたとしても不思議はない。

非科学的な人権侵害よりも脳科学による監視社会を

こうした「脳科学による監視社会」にほとんどのひとは強い抵抗を持つだろう。だが、次のようなデータはどうだろう。

イギリスでは、刑務所から釈放された犯罪者の再犯が問題になり、2003年に「社会防衛のための拘禁刑（IPP）」プログラムが発足した。これは、以前なら終身刑にならない被告を再犯の危険度によって無期懲役にする制度で、2010年までに5828人がIPP終身刑を宣告され、そのうち2500人は本来の犯罪の刑期を務めおえているものの釈放されたのは94人と4%に過ぎない。このプログラムによって、妥当な年数をはるかに超えて刑務所に収監されるひとは膨大な数にのぼるだろう。

さらにイギリスでは2000年に、精神科医たちの異議を無視して「危険で重篤な人格障害（DSPD）」に対する法律が制定され、その法のもとで危険だと考えられる人物を、たとえなんら犯罪をおかしていなかったとしても、警官が逮捕し、検査と治療のためと称して施設に送ることができるようになってもいる。

このように、現在でも「人権」を侵害した犯罪者予備軍の隔離は公然と行なわれている。なぜなら、「安全」に対する先進国の市民の要求がきわめて厳しくなっているからだ。犯罪者の人権を尊重する（犯罪に甘い）政治家は、真っ先に選挙で落とされる。イギリスのDSPD法も、IPPも、トニー・ブレア率いる「リベラル」な労働党政権によって制定されているのだ。

こうした事実を挙げて、レインはいう。問題は犯罪者（もしくは犯罪者予備軍）の人権侵害ではなく、こうした〝人権侵害〟が非科学的で粗雑な方法で現実に行なわれていることだ。だとすれば、神経犯罪学の最先端の成果を活かして、より科学的に正しい方法で犯罪を管理したほうが、社会にとっても、当の犯罪者にとっても、状況はいまよりずっと改善するのではないだろうか、と。

もちろんこれは、とても重い問いだ。だが脳科学の進歩は急速で、私たちはいずれこの現実から目をそらすことができなくなるだろう。

〔コラム7〕◉犯罪と妊婦の喫煙・飲酒

犯罪は遺伝と環境の相互作用によって起きる社会現象だ。だがここでいう環境は家庭や子育てだけでなく、胎内環境も含まれる。遺伝的になんの問題もなくても胎内が汚染されていれば胎児の脳の発達に深刻な障害をもたらす恐れがあるからだ。

犯罪学者の調査によると、血中の鉛レベルが高い少年は、教師の評価でも自己評価でも非行スコアが高い。また胎児期、および出生後に鉛レベルが高かった子どもは、20代前半になると犯罪や暴力を起こしやすくなる（ある研究によると、胎児期における血中の鉛濃度が5マイクログラム増えるごとに、逮捕の可能性は40％上昇した）。

アメリカでは、環境中の鉛レベルは1950年代から70年代にかけて上昇し、70年代後半から80年代前半に規制強化によって大きく改善した。その鉛レベルの推移と、23年後の犯罪発生率とのあいだにはきわめて強い相関関係がある。母親の胎内で鉛に暴露した胎児や、鉛で汚染された母乳で育てられた乳児は成人して犯罪者になる可能性が高いのだ。同様の関係はイギリス、カナダ、フランス、オーストラリア、フィンランド、イタリア、西ドイツ、ニュージーランドで見出されており、世界、国、州、都市いずれの単位でも鉛レベルと成人後の犯罪件数を示すグラフの曲線はほぼ正確に一致している。[41]

胎児の脳に悪影響を与える重金属には、鉛以外にもカドミウム、マンガン、水銀などさまざまなものがある。だがそれよりも問題が大きいのは妊婦の喫煙と飲酒だ。

現在では、妊娠中の喫煙は胎児の脳の発達に悪影響を及ぼすばかりでなく、高い攻撃性や行為障害を引き起こすことが知られている。

デンマークの男性4169人を対象に行なわれた研究では、1日に20本の煙草を吸う母親の子どもは、成人後に暴力犯罪に至る割合が倍増した。フィンランド人5966人を対象にした研究でも、煙草を吸う母親の子どもは22歳までに前科を持つ確率が倍になった。またアメリカの研究では、妊娠期間中に1日10本の煙草を吸った母親の息子は、行為障害を持つ可能性が4倍になった。

この研究結果を見て、因果関係が逆ではないかと思った人もいるだろう。喫煙が胎児に悪影響を与えるのではなく、妊娠中に喫煙するような母親だからこそ、遺伝的な影響もしくは幼児虐待によって、子どもが反社会的行動をとるようになるのだ。――実際、妊娠中に煙草を吸った母親の子どもの実に72%が身体的、性的な虐待を受けているという研究もある。ダメな母親だからこそ、妊娠中に煙草も吸うし、子どももダメになるのだ。

ただし最近では、こうした第三の要因（擬似相関）は広く知られていて、それを統計的にコントロールしていない研究は学術誌に掲載できない。ここで紹介した喫煙と犯罪の関係も、両親の犯罪歴や社会的地位の低さ、母親の教育レベルの低さや家庭環境など、考えられるかぎりの要因を調整したあとの結果なのだ。

喫煙には、一酸化炭素とニコチンという2種類の神経毒性がある。

喫煙は子宮の血流を減少させ、胎児への酸素と栄養の供給を減らし、低酸素症を引き起こして脳に障害を与える。喫煙の影響を受けた胎児は頭囲が小さくなり、脳の発達が損なわれ、選択的注意や記憶などさまざまな側面で障害を起こし、計算と綴りの能力が低くなる。

また胎児期のニコチンへの暴露はノルアドレナリン系への発達を阻害し、交感神経系の活動を損なう。その結果、自律神経の機能が低下し、安静時心拍数が低くなり、覚醒度の低い、常に刺激を求める子どもが生まれる可能性も指摘されている。

一方、妊娠中に母親がアルコールを大量摂取すると、胎児性アルコール症候群と呼ばれる障害が引き起こされる。その特徴は頭蓋顔面の異常で、顔の中央部は比較的平らで、上唇はきわめて薄く、両目の間隔が大きく離れているケースが多い。

アルコールは、胎児の脳の機能そのものにも重大な影響を与える。アルコールに暴露された脳は組織が広範に萎縮《いしゅく》し、とりわけ脳の2つの半球を連結する脳梁《のうりょう》の機能が失われる。ニューロンの損失も顕著で、構造的・機能的障害によって学習能力や実行機能が大きく低下する。

アルコールの胎児への影響はきわめて深刻で、アフリカ系アメリカ人の母親を対象にした研究では、妊娠期間中、週にたった1杯のアルコール飲料を摂取しただけで子どもが攻撃的になったり、非行に走ったりする確率が上昇した。

また出生後の栄養不良、とりわけ亜鉛、鉄、タンパク質の不足が脳の発達を阻害し、認知能力（ＩＱ）を低下させて反社会的行動を導くこともわかっている。[42]

Ⅱ

あまりに残酷な「美貌格差」

6 「見た目」で人生は決まる——容貌のタブー

写真から性格や未来がわかる

アメリカの心理学者マシュー・ハーテンステインは、卒業アルバム写真を何百枚も集めて笑顔の度合いを点数化し、後年の結婚生活を予測した研究で一躍有名になった。ハーテンステインによれば、男女ともに卒業写真であまり笑っていなかったひとの離婚率は、満面の笑みの卒業生の5倍にのぼるのだ[43]。

はたして、外見からひとの性格や未来を知ることができるのだろうか。

テキサス大学で行なわれた実験では、100人以上の学生を対象に、2枚ずつ写真を撮影した。1枚目は好きなポーズで撮る自然体の写真、2枚目は気をつけの姿勢で無表情にレンズを見つめる写真だ。

次に、本人に自分の性格を申告してもらうと同時に、友人や家族などにも性格を分析してもらって、それぞれの平均値から学生の性格を割り出した。

こうした準備が整うと、研究者は学生とはなんの関係もない被験者（第三者）に写真を見せて、性格を推測してもらった。その後、推測と実際の性格（本人および周囲のひとたちの評価の平均値）を比較して、どの程度推測が正確かを調べた。

無表情の写真による推測の正確度は、「外向性」が4点、「自尊心」が3点、「信仰心」が2点となった（推測が的中するほど点数が高い）。

自然体の写真による推測の正確度では、「外向性」と「新しいことへの挑戦」が4点、「好感度」「自尊心」「信仰心」が3点、「親しみやすさ」「孤独感」が2点と出た。

このことからわかるのは、無表情の写真からも内面をある程度知ることができることだ。被験者になにを手がかりにしたのか訊くと、「健康的な外見」「こざっぱりした外見」とのこたえが返ってきた。髪型やファッションは性格を反映するのだ。

自然体の写真では推測の精度が上がると同時に、無表情の写真で判別できなかった性格も見分けられた。「外向性」「親しみやすさ」「自尊心」などで手がかりになったのは、圧倒的に笑顔だ（それ以外ではリラックスした姿勢や活力など）。

興味深いのは、写真からでは判別できないものもあったことだ。それは「誠実さ」

「穏やかさ」「政治的見解」だ。

政治的見解が写真からわからないのは当然として、「誠実さ」や「穏やかさ」が当たらないのは、笑顔がほんものかどうか判別困難だからだ。さわやかな笑顔の学生が外向的なのは容易に想像がつくが、その笑顔は必ずしも（誠実さや穏やかさという）内面をそのまま表わしているわけではないのだ。

外見から知性は推測できる

「写真から性格を判別できる」のはそれほど驚くことではないかもしれないが、「外見で知性がわかる」というのはどうだろう。

ドイツのある研究チームが、実験室に学生を呼び、いくつかの作業をさせてその様子を録画した。次にその映像を被験者に見せて、学生の知性を推測してもらった。

その結果、実験室での作業のひとつが知性を推測する有力な手がかりになっていることがわかった。それは、新聞の見出しと小見出しを声に出して読む、という作業だ。被験者はその様子を3分ほど観察しただけで、学生の知性を正確に推測できた。

小学校の国語の授業では教科書を音読させる。すらすら読める子もいれば、つっかえながらしか読めない子もいる。それが国語の成績を反映するというのは当たり前だ、と思うひともいるだろう。

では、次の実験はどうだろうか。

ノースイースタン大学の研究者は、見ず知らずの大学生同士にお互いを知るために会話をするように求めて、その様子を録画した。次に、学生の知能指数とGPA（学業平均値）、SAT（大学進学適性試験）の成績を一覧にした。

被験者は学生の様子を、次の3つの方法で観察した。

①音声のある1分間の映像
②音声のない1分間の映像
③1分間の会話を書き起こした文章

観察が終わると、被験者は知能指数、GPA、SATのリストを与えられ、どのデータがどの学生に該当するかの推測を求められた。

もうおわかりのように、音声のある1分間の映像を見た被験者は、学生の知能を正確に推測できた。だが興味深いことに、音声のない1分間の映像でも、推測は同様に正確だったのだ。それに対して音声も映像もない会話の文章だけでは、まったく成績を推測できなかった。

このことから、知性は会話を聞かなくても、外見から推測できることがわかった。研究者は知性を表わす手がかりとして、視線と美しい顔立ちを挙げている。

話しているときに相手の目を見るひとは、知的な印象を与えるばかりか、実際に知能が高い。

「美しい顔立ち」というのはいわゆる美男美女のことではなく、〝美しさのレベルが半分以下の顔〟の場合とされているから、「端正な顔立ち」とか、「整った顔立ち」というほうが正確かもしれない。俳優のようにあまりにも美しいと、ひとはそれを知性とは感じない。よどみなく話しているときは表情も整って見えるだろうから、平均的な容貌で、全体のバランスがよく好感が持てると、ひとはそれを知性に結びつけるのだ。

「最初の直感」の的中率

ひとは外見だけで、見ず知らずの人間の性格や知性を判断できる。これは驚くべき能力だが、この直感はどこまで信用できるのだろうか。

アメリカの大学では、学期の終わりに学生が教師を評価する。多くの大学では教師の昇進や昇給、終身在職権(テニュア)の付与にこの授業評価が使われている。

そこで研究者は、学生がどのくらい正確に教師の授業の質を判断できるかを調べてみた。

まず学生を2グループに分け、ひとつのグループは学期の最初の授業の直後に評価を行ない、もうひとつのグループは第1週の終わりに評価を行なった。そして4カ月後の学期末に、すべての学生が同じ評価をもういちど行なった。

評価は教師の熱意、学問の重要性や可能性がどれぐらい伝わってきたか、学生の質問にきちんと応じたか、学生を励まし学習意欲をかき立てたかなど多岐にわたったが、1週目の評価だけでなく、初日の評価も学期末の評価とほぼ一致した。学生は、初日の授業だけで教師の優秀さを正確に見抜いたのだ——というのが、この結果のもっともわかりやすい説明だろう。

次に研究者は、授業体験をどこまで短くすると学生が判断できなくなるかを調べた。ハーヴァード大学で人文科学、社会科学、自然科学の授業を録画し、それを各授業につき30秒（授業のはじまりと中ほどと終わりの部分をそれぞれ10秒ずつ）にまとめたところ、学生はその映像だけで有能な教授と無能な教授を見分けた。この映像から音声を取り去っても結果は同じだった。

そこで研究者は、さらに映像を短くしてみた。こんどは各パート2秒の合計6秒の音声のない映像だが、驚いたことに、この断片だけの映像から下した評価も学期末の（別の学生による）評価と一致していたのだ。

こうなってくると、学生がそもそも授業内容を正しく理解しているかもあやしくなってくる。この課題に挑戦したのが行動科学者のスティーブン・セシだ。

セシは、秋学期と春学期のあいだにプレゼンテーション・スタイルの研修を受けることにした。そして周到な準備をして、（プレゼンテーション技術の低い）秋学期で教える内容と、身振り手振りや声の質・高低などのプレゼンテーションスキルを学んだ春学期の内容を、話す言葉から時間割、プロジェクターのフィルムまですべて同じにした。

各学期の終了後に学生は授業評価を行なった。秋学期のセシの授業は5段階評価で2・5と標準的だったが、春学期ではいきなり4の高評価に変わった。授業内容はまったく同じにもかかわらず、学生たちはプレゼンテーションのちがいだけで、セシに対して「熱意と知識を有し、他者の見解に寛容で、親近感があり、より整然としている」という印象を抱いたのだ。

この研究結果を見れば、教師はみなプレゼンテーション技術を学ぶべきだということになる。とりわけ終身在職権を持たない若い教師にとっては、授業評価が2・5か4かの違いは人生の分かれ目になるだろう。

だがセシの実験は、プレゼンテーションが万能ではないことも示している。学期末のテストの成績を比較すると、秋学期と春学期で両者に差はなかった。〝熱意あふれるセシ教授〟に教えられた学生は満足したかもしれないが、それは「多くのことを学んだ」と感じただけだったのだ。

この実験結果から誰もが思いつくのは〝プレゼンテーションの祭典〟TEDだろう。そこでは高度なプレゼンテーションスキルによってイノベイティブなアイデアが披露されることになっているが、それが真に価値あるものかどうか判断するならYouTubeを見るのではなく、紙に書き起こしたものを読んだほうがいい。素晴らしいプレゼンでひとびとを動かそうとしても、元になるアイデアが無価値ならなんの意味もないのだ。

「面長の顔」は「幅の広い顔」に殺されている

直感のちからが大学教授の有能さを瞬時に見分けられるのなら、外見から攻撃性を推測するくらいはかんたんだ。実際、ふたつの異なる容貌を一瞬（０・０３９秒）見ただけで、ひとはどちらが攻撃的な性格なのかを判別できることがわかっている。

写真の人物はどちらも無表情で、頭髪は同じようにぼかされていた（もちろんピアスや刺青のたぐいもない）。

それではいったい何が判断の基準になるのだろうか。それは顔の幅と長さの比率だ。わたしたちは、面長の顔と幅の広い顔を見せられたとき、後者を攻撃的と判断する。そしてこの直感は、男性に関してはかなり正確だとわかっている（女性については、面長と幅広で攻撃性に差はない）。

なぜこのようなことが起こるのだろうか。研究者は、男性の顔の幅はテストステロンの濃度に関係しているのではないかと考えている。

テストステロンは代表的な男性ホルモンで、この数値が高いほど競争を好み、野心的・冒険的で、攻撃的な性格になる（当然、性欲にも強く関係している）。

テストステロンの濃度のちがいは遺伝的な要因もあるが、それよりも胎児のときの子宮内の環境から大きな影響を受けている。

胎児は子宮のなかでさまざまなホルモンに曝《さら》されていて、その影響は脳だけでなく身体的な特徴としても現われるのだ。

広く知られているのは人差し指と薬指の比率で、女性はその長さがほぼ同じだが、男性では薬指が長いことが多い。人差し指と薬指の長さのちがいは、テストステロン値が高いほど大きくなる[44]。

同様の特徴が、顔の長さと幅の比率についても観察されている。テストステロンの濃度が高い男性ほど顔の幅が広くなり、攻撃的な性格が強くなるのだ。——誤解のないようにいっておくと、これはあくまで「平均的な男性」のことで、幅広の顔の男性がすべて暴力的だというわけではない。

ハーテンステインは、面長の男性と幅広の男性について、次のような研究データを紹介している。いずれも権威ある心理学の専門誌に掲載された研究だ。

①幅の広い顔の男性は、ほっそりした顔の男性に比べて、ライバルを蹴落とすために

3倍嘘をつく。
② サイコロの目の数で50ドルのギフトカードが当たるくじに参加できる回数が決まる、という実験では、幅の広い顔の男性は、ほっそりした顔の男性に比べて、実際に出た目よりも多い数を申告する比率が9倍になった。
③ 賞金を山分けするか、自分が多く取るかを決められる条件では、幅の広い顔の男性は、ほっそりした顔の男性に比べて、公平に分配することを嫌った。
④ アメリカで発見された無数の頭蓋骨と200以上の殺害されたひとの頭蓋骨を調べたところ、絞殺、刺殺、撲殺などの接触的な暴力で殺されたケースは、ほっそりした顔の男性が圧倒的に多かった。（テストステロン値の高い）幅の広い顔の男性のほうが喧嘩をする回数は多いだろうから、研究者はこの結果を、「ほっそりした顔の男性が幅の広い顔の男性に殺されている」と解釈した。

顔立ちによる残酷すぎる損得

大きな目、丸い輪郭、広い額、小さな顎《あご》などは童顔（ベビーフェイス）と呼ばれる。文字どおり赤ん坊に似ているからで、童顔のひとは男でも女でも、純真で、素直で、か弱く、温かく、正直な印象を与える。

だが、童顔だからといって生きていくのに有利だとは限らない。

アメリカの研究では、銀行が窓口担当者と融資の査定担当者を募集するとき、童顔の男性を窓口担当者に、大人びた顔の男性を査定担当者にすることが多い。大人びた顔のほうが、「決断力があり、時に非情な態度もとれる」ように見える。融資を受けようとする側は必死だから、童顔の担当者では足元を見られて押し切られてしまうと懸念《けねん》するのだ（これはおそらく日本でも同じだろう）。

銀行業務では、窓口よりも融資の査定担当のほうが地位も給料も高いのがふつうだから、童顔の男性は外見だけで「非情さに欠ける」と判断され、割を食うことになる。

だが反対に、童顔で得をすることもある。

アメリカの裁判の判決と被告の容貌を比較した研究では、童顔の男性にカネを騙《だま》し取られたと訴えたとしても、多くの場合、敗訴することがわかっている。

300の裁判を調べた研究では、被告が無実を訴えても、大人びた顔の被告の92％に有罪判決が下りたが、童顔の被告が有罪となったのは半分以下の45％だった。裁判に提出された証拠や、被告の顔が美形かどうかや年齢を考慮に入れてもこの結果は変わらなかった。

人種と容貌に関するより不穏な研究もある。

アメリカ人にはさまざまな顔立ちのひとがいる。このうち、横に広い鼻、厚い唇、黒い肌といった特徴を持つひとを「アフリカ起源の顔（アフロセントリック）」と呼ぶ。これは〝純血〟の黒人かどうかとは関係なく、また人種を問わず（ヒスパニック＝カリブや中南米からの移民の子孫にも「アフロセントリック」なひとはいる）、一般的に「アフリカらしい」と思われている顔立ちのことだ。

次に研究者は、フロリダ州の裁判では判決に人種によるちがいが見られないことを確認した。人種差がないというのは、犯罪の重大性や犯罪歴といった条件をそろえると、白人も黒人も同等な刑を宣告されているということで、その意味ではリベラルな裁判所といえる。

ところがそのリベラルな裁判官たちが下した判決を犯罪者の顔写真で比較すると、アフロセントリックかどうかで刑期の長さを予測できた。犯罪の重大性や犯罪歴をそろえると、〝アフリカ起源の顔〟の特徴を持っている被告は、アフロセントリックでない被告よりも重い罰を下されていたのだ。

フィラデルフィアの裁判記録を調べた研究でも、アフロセントリックな顔の被告ほど死刑判決が下される傾向があった（ただしこれは被害者が白人の場合）。アフロセントリックでない被告の24％が死刑判決を受けているのに対し、アフリカ起源の顕著な特徴を持つ被告の場合、2倍以上の58％が死刑判決を下されていた。

アメリカの裁判所は、人種のちがいによって刑を変えないという意味では平等になった。だがその一方で、裁判官たちは容貌から内面を推し量るという錯覚にとらわれ、顔立ちが暴力的だと直感した被告に重い刑を科していた。

私たちの日常的な判断は、視覚（見かけ）に大きく依存しているのだ。

7 あまりに残酷な「美貌格差」

容姿によって人生が左右されることは誰でも知っている。美男や美女は誰からも愛され、ブス、ブ男は無視される。だったら美貌の経済効果はどのくらいだろうか。――こんな疑問を思いついたのが経済学者のダニエル・ハマーメッシュだ。[45]

ハマーメッシュは、美しさの基準は時代や文化によって異なるものの、そこにはある種の普遍性があるという。あらゆる社会に共通する美の基準は顔の対称性と肌のなめらかさで、女性の体型で重要なのはウエストのくびれだ。これを進化論的に説明すると、顔の対称性が崩れていたり、肌に湿疹《しっしん》や炎症ができているのは感染症の徴候で、ウエストのふくらんだ女性は妊娠の可能性がある。いずれも子孫を残すのに障害となるから、進化の過程のなかで健康な異性や妊娠していない女性を選好するプログラムが脳に組み込まれたのだ。

多くのひとはこうした説明を不愉快に思うにちがいない。だがこれは、現在では科学

（進化生物学や進化心理学）の標準的な理論で、実験や観察結果による膨大な証拠が積み上げられている。もっとも現代人の美の選好がすべて進化で説明できるわけではなく、ヒトと大半の遺伝子を共有するチンパンジーやボノボのオスは、若い〝処女〟よりも出産経験のある年長のメスに魅力を感じる。貴重な食料とセックスを交換するのなら、健康な子どもを産む能力を証明している相手のほうが〝投資効率〟が高いわけで、たしかにこのほうが進化論的に合理的だ。

美人とブスでは経済格差は3600万円

美貌の経済効果を計測するのは、（現実にはともかく）理屈のうえでは簡単だ。人種や年齢、社会階層、学歴など外見以外がすべて同じ男女をたくさん集めてきて、第三者にその美貌を判定させてランクづけし、収入の差を調べればいい。

実際にはこのような調査は不可能でさまざまな統計学的調整や類推をするのだが、その過程を飛ばして結論だけいうと、美貌を5段階で評価し、平均を3点とした場合、平均より上（4点または5点）と評価された女性は平凡な容姿の女性より8％収入が多かった。それに対して平均より下（2点または1点）と評価された女性は4％収入が少なかった。容姿による収入の格差はたしかに存在するのだ——知っていたと思うけど。

経済学ではこれを、美人は8%のプレミアムを享受し、不美人は4%のペナルティを支払っていると考える。ペナルティというのは罰金のことで、たんに美しく生まれなかったというだけで制裁されるのだからこれは差別そのものだ。

ところで、このプレミアムとペナルティは具体的にどの程度の金額になるのだろう。20代女性の平均年収を300万円とすると、美人は毎年24万円のプレミアムを受け取り、不美人は12万円のペナルティを支払う。こう考えると、思ったより「格差」は小さいと感じるのではないだろうか。世間一般では、美人とブスでは天国と地獄ほどのちがいがあると思われているのだから。

ただしこの計算も、一生で考えるとかなり印象が変わってくる。大卒サラリーマンの生涯賃金は（退職金を含め）約3億円とされているから、美人は生涯に2400万円得し、不美人は1200万円も損して、美貌格差の総額は3600万円にもなるのだ。

この試算を単純すぎると思うひともいるだろう。美貌は年齢とともに衰えるのだから。

だがハマーメッシュは、弁護士のような職業では美貌格差は年齢とともに大きくなると述べる。若いときの収入は同じでも、美貌の弁護士はよい顧客を獲得しやすいから、年をとるにつれてその経済効果が大きくなっていくのだ。

さらに身も蓋《ふた》もないことに、美貌と幸福の関係も調べられている。そして予想どおり、美人はよい伴侶を見つけてゆたかで幸福な人生を手に入れ、不美人はブサイクな男性と結婚して貧しく不幸な人生を送ることが多いという結果が出ている。だが幸いなことに(?)この差も一般に思われているほど大きくはなく、上位3分の1の容姿に入るひとが自分の人生に満足している割合は55%(すなわち45%は不満に思っている)で、下から6分の1の容姿でも45%が自分の人生に満足している。この結果を肯定的にとらえれば、美形でも半分ちかくは不幸になり、ブサイクでも半分ちかくは幸福になれるのだ。

この美貌格差が、男性よりも女性にとって大きな心理的圧迫になっていることは明らかだ。これは男性が女性の若さや外見、すなわち生殖能力に魅力を感じるからで、これによって女性は熾烈《しれつ》な「美」の競争へと駆《か》り立てられる。

それに対して女性は、男性の外見以外にも、社会的な地位や権力、資産に魅力を感じる。これはブサイクな男性も、努力によってそのハンディを乗り越えられるということだ。その結果、女性だけが美しさの呪縛に苦しむことになる。[46] 過度なダイエットや拒食症、整形手術による身体への暴力は「美の陰謀」なのだ……。

ここまでは周知の事実を学問的に検証しただけで、面白みはないかもしれない。だが話はここからすこしちがう方向に進んでいく。

「美貌格差」最大の被害者とは

ほとんどのひとが容姿を女性にとってより重要な問題だと考えるだろうから、ここまでは意図的に女性の美貌格差を紹介してきた。だがハマーメッシュは、女性よりも男性のほうが美貌格差が大きいことを発見した——といっても、これはすこし説明が必要だ。

まず、美形の男性は並みの容姿の男性より4％収入が多い。女性の場合、美貌のプレミアムは8％だからその半分で、男性はイケメンでも経済効果はそれほど期待できない。これは常識の範囲内だろう。

驚くのは容姿の劣る男性の場合で、平均的な男性に比べてなんと13％も収入が少ないのだ。女性の場合は4％だから、醜さへのペナルティは3倍以上にもなる。なぜこれほどまでに男性は容姿で差別されるのだろうか。

この疑問に対してハマーメッシュは、母集団の違いを指摘する。成人男性の8割以上が仕事に就くのに対し、アメリカでも就業する女性は7割程度だ。これは専業主婦になる女性がいるからで、経済学的な観点からは、彼女たちが労働市場を忌避するのは期待できる賃金が少ないからにちがいない。美貌による賃金格差がある以上、働かない選択をした女性の不美人度は高い（美人のほうが働く意欲が強い）はずで、母集団から容姿の劣る女性が抜けたことで男性との差が生じたのだ。

しかしこれだけで、男性と女性の「醜さ」の大きな格差のすべてが説明できるだろうか。ここではもっと常識的な説明を考えてみたい。

雇用主は男性と女性の求職者の外見を同じ基準で判断するわけではない。女性の求人で、モデルや美容部員、接客業なら容姿を重視するだろうが、事務職などでは外見を考慮しないことも多いだろう。男性の場合は、イケメンだけを採用するのはホストクラブくらいかもしれない。だとしたら雇用主は、男性の外見のどこを気にするのだろうか。

それは美醜ではなく暴力性だろう。

あらゆる社会において、女性よりも男性の犯罪者が圧倒的に多いことは共通している。日本でも刑法犯に占める女性の比率は15～20％程度で8割以上は男性だ。強盗、傷害、暴行、恐喝のような暴力犯罪に限れば男性の比率は9割を超え、若いほど犯罪率は高い。これほどまでに大きな性差があれば、雇用主が若い男性の暴力性を考慮するのは当然だ。

だが履歴書だけでは誰が危険なのかを判別することはできず、そのため暴力的な外見の若者が真っ先に排除されるのだ。

これはもちろん、人相の悪い若者がすべて犯罪者だということではない。それればかりか、若者が法を犯すかどうかは容姿とほとんど関係しないというデータもある。だがこれには例外があって、「きわめて醜い」とされた一部の若者は、強盗や窃盗、暴行に手を染める可能性がとても高いのだ。

この事実をどう解釈するかは慎重であるべきだろう。醜い若者は、雇用主の差別によって労働市場から追い出され、犯罪者の道を選ぶほかなかったのかもしれない。しかし現在では、男性ホルモンであるテストステロンが暴力性と強く相関し、なおかつその影響が外見にも表われることがわかっている。胎内で高濃度のテストステロンを浴びた男性は、思春期になるとテストステロン濃度がきわめて高くなる。そこから生じる威圧的・暴力的な雰囲気を私たちは無意識のうちに察知して強く警戒するのだ。

会社の業績を上げる経営者の顔とは

美の呪縛にとらわれているのは女性だが、意外なことに美貌格差の最大の「被害者」

は醜い男性だった。だが話はここでもういちど反転する。

米タフツ大学のニコラス・ルールとナリーニ・アンバディは、「CEO（最高経営責任者）の顔だけで会社の収益を予測できるか」というとんでもない疑問を思いついた。そして被験者に2006年のフォーチュン500（米国の大手企業500社）の上位と下位の各25社（計50社）の男性CEOの顔写真を見せて、以下の3点を評価してもらった。[47]

① 力：CEOの能力、統率力、顔の成熟度から判定
② 温かみ：CEOの好感度、信頼度から判定
③ リーダーシップ：この人物は巧みに会社を運営できるか？

被験者はCEOのことも、会社の業績についても何も知らなかった。それにもかかわらず彼らは、「力」と「リーダーシップ」の印象だけで会社の収益をきわめて正確に予測したのだ（「温かみ」は業績とは関係なかった）。この結果はCEOの顔立ちの端正さ、顔写真の表情、年齢を揃えても変わらなかった。

次にルールとアンバディは、CEOの写真を見ているときの被験者の脳をMRI（核磁気共鳴画像法）で撮影し、どの部位が活動しているか調べた。それによると、低収益の会社のCEOを見たときよりも、高収益の会社のCEOの顔を見たときのほうが、被験者の脳の左側にある扁桃体《へんとうたい》の動きが著しく活発になることがわかった。

扁桃体は感情（喜怒哀楽などの情動）に関係している。高収益の会社のCEOの顔には、ひとの感情を揺り動かすものがあるのだ。それはいったい何だろう？

ウィスコンシン大学のチームは、その答えを求めてフォーチュン500の企業の男性CEO55人の写真を調べてみた。すると、顔の長さに対して幅の広いCEOのほうが会社の収益が高いことが分かった。

前章で述べたように、母親の胎内で高濃度のテストステロンに曝された男性は顔の幅が広くなる。こうした男性は成人後もテストステロン値が高く、攻撃的・暴力的な傾向が強い。これは別のいいかたをすれば、冒険心に富み、競争で勝つことに執着するリーダータイプのことだ。

このことから、経営者の顔と会社の業績の相関には以下の2つの可能性が考えられる。

ひとつは、生まれつきテストステロン値が高く、同時に家庭環境や知能に恵まれた男性は、刺激を求めて犯罪や暴力に走るのではなく、自身の才能を政治やビジネスの競争に勝つことに使おうとする、ということだ。一方、同じように高い知性を持っていてもテストステロン値が低い（顔の細長い）男性は「勝つ」ことへの執念が欠けていて、そのため出世競争で脱落してしまうし、仮にCEOになれたとしても会社の業績を向上させることができない。

もうひとつの可能性は、私たち（部下や取引先、消費者など）がテストステロン値の高い男性を無意識のうちにリーダーと見なすことだ。顔の幅が広く精力的な男性は攻撃的・暴力的に見えるから、ひとびとは恐怖や畏怖の念を抱く。こうした男性と相対したときに自らの身を守る最善の方法は、膝下に額《ぬか》ずいて臣従を誓うことだろう（どういうタイプか知りたいひとは、GEの前CEOジャック・ウェルチの画像や動画を見てほしい）。それに対して顔の細長いCEOは、高い地位についてもひとびとからリーダーとして受け入れられないため経営に失敗してしまうのだ。

テストステロンは年齢とともに減少していくが、その度合いは個人差が大きい。精力的な男性は高齢になってもテストステロン値が下がらず、ビジネスでも性生活でも現役のことが多い。またテストステロン値は、地位によっても変わることがわかっている。

チンパンジーのテストステロン値を測ると、群れのリーダーになると大きく上がり、リーダーから脱落すると急激に下がる。現役のときに活躍したひとも、いったん引退すると急に老け込んで見えるのはこの効果のせいかもしれない。

テストステロン値の高い男性は競争を好み、地位が上がるにつれてさらにテストステロン値が上がって魅力と恐ろしさが増すから、部下は無条件で指示に従うようになる。これはワンマン経営の創業者によく見られる特徴で、こうした独裁タイプのリーダーが冒険的で的確な経営判断をすれば会社の業績は大きく向上するだろう。ただし逆に、判断を間違えると誰も止めることができず、破滅へと突き進むことになってしまうのだが。

その意味でこの興味深い実験には、顕著な「生き残りバイアス」がかかっている。フォーチュン500に載るのはどこも成功した会社だから、そのなかでテストステロン値の高いリーダーを探せば、(冒険がうまくいったのだから) ハイリスク・ハイリターンの法則によって安定経営の会社より収益性が高いのは当たり前なのだ。

容姿による差別を生む市場原理

テストステロンのようなホルモンが性格(内面)と外見に同時に影響を与えるとした

ら、容姿による「差別」には理由がある。だがほとんどの場合、美しさはもっと微妙なもので、遺伝的な運不運に左右されるだろう。

近代社会においては、人種や性別、出自のような本人の努力ではどうしようもない要因で待遇を変えることは差別として禁じられている。だとしたら、生得的な美貌格差も差別として法で規制すべきではないだろうか。

アメリカには、容姿による差別を裁判に訴えたケースがいくつもある。よく知られているのはプレイボーイクラブから年齢を理由に解雇された元バニーガールの訴訟で、「自分はかつての可憐な容姿から、成熟した女性らしい容姿に生理的に移行した」と主張したものの、判決では「年齢により、あるいは修復不可能な容姿の欠陥によりバニーガールのイメージを喪失した」とのプレイボーイ側の主張が認められた。[48] こうした判断は他の裁判でも同様で、俳優やモデルなど容姿で採否を決めるほかない職業がある以上、これは仕方のないことでもあるのだろう。

この問題についてハマーメッシュは、「容姿の平等」という非現実的な理想を追い求めるよりも、美貌格差に対してアファーマティブ・アクション（積極的差別是正措置）の適用を検討するよう提言する。人種差別の歴史によって不利益を被っている黒人に大学への特別入学枠を用意するのと同じように、容姿によって不利益を被っているひとたちに国が補助金を支給するのだ（その原資は当然、美形のひとたちが出すことになる）。だがこの斬新な提案も実現は困難だろう。自分が醜いと認めて補助金を貰おうとするひとがいるとは思えないし、仮にいたとしてもより激しい差別と批判にさらされることは間違いないからだ。

ではなぜ、ハマーメッシュはこんな荒唐無稽《こうとうむけい》な主張をするのか。

私たちは、容姿で給与や昇進を決めるのは企業や経営者による差別だと考える。これは間違いではないが、企業がこうした差別をする理由は、営業職や接客業において、美形の従業員のほうが明らかに収益性が高いからだ。市場原理によって、彼らは正当な報酬を得ているだけなのだ。

なぜこのようなことが起きるかというと、それはもちろん、消費者が美形の相手から商品を買ったり、サービスを受けることを好むからだ。

私たちは「美貌格差」を批判するが、その差別を生み出しているのも私たちなのだ。

8 男女平等が妨げる「女性の幸福」について

「男と女は生まれながらにしてちがっている」

2011年6月、ディー・エヌ・エー創業社長の南場智子氏は自らトップの座を退いた。ハーヴァードでMBAを取得し、大手コンサルティング会社を辞めてベンチャー企業を起こし、わずか10年あまりで売上高1000億円を超える上場企業に育て上げた成功者の突然の退任の理由は、「夫の看病で(社長業に)全力を出せなくなった」というものだった。

その2カ月前に夫ががんを告知されたときのことを、南場氏はこう回想している。

「その瞬間、私には一生こないだろうと思っていた心境の変化が起きました。これまでの自分の人生は、全部このときのためにあったんじゃないか。そんなふうに思いました。何のためらいもなく、私にとっての優先順位が、仕事から家庭へと変わってしまったのです」[49]

じつはこうしたケースは、米国では珍しいことではない。

ブッシュ政権のアドバイザーだったカレン・ヒューズは、「家族がホームシックになってテキサスに帰りたいといっている」との理由でホワイトハウスを去った。ペプシコーラの社長ブレンダ・バーンズも、家族とイリノイに戻るために退任した。パキスタン大使に任命されたウェンディ・チェンバレンは、「保安上の理由で2人の幼い娘に会えない」と要職を辞任した。

2003年、ニューヨーク・タイムズの女性記者リサ・ベルキンは、「社会的成功を手にした高学歴の女性たちが続々と家庭に戻っていく」現象について書いた。ベルキンはこれを、職場からのドロップアウト（おちこぼれ）ではなく、「オプトアウト（自らの意思で仕事から身を引く）」と名づけた。

オプトアウトした女性たちは、次のようにいう。

「有名法律事務所のパートナーになるための最短コースに乗ることに興味はありません。あるひとにとってそれは成功を意味するでしょうが、わたしはちがいます」

「有名になりたいわけでも、世界を征服したいわけでもないんです。そんな人生はまっぴらです」[50]

ベルキンの記事が大きな反響を巻き起こしたのは、「男と女は生まれながらにしてちがっている」と述べたからだ。それは女性差別を正当化するものとして、新しい世紀を迎えたアメリカですら口にしてはならない言葉だった。

男と女は別々のものを見ている

いまから20年ほど前、アメリカの心理学者レナード・サックスは、小学校の2学年、3学年の男の子が母親に連れられて次々と診察を受けにくることに気づいた。母親たちはみな、学校から同じ通知を受け取っていた。そこには「ADHDの疑いがある」と書かれていた。

ADHD（注意欠陥・多動性障害）は多動性、不注意、衝動性などを特徴とする神経発達障害のひとつで、小学校の教室でじっとしていることのできない男の子に典型的な病気とされた。この病気には集中力を高める「リタリン（メチルフェニデート）」という中枢神経刺激薬が効果的といわれ大量に処方されたが、その組成はアンフェタミン、すなわち覚醒剤とほとんど同じだ。子どもに覚醒剤を投与すれば、授業に集中しているように見えるだろう。しかし、これが果たして「治療」なのか。

アメリカの幼児教育の授業では（おそらく日本でも）、子どもたちは「たくさんの色を使って表情ゆたかに人物を描く」よう指導される。だがADHDと診断された男の子たちは、クレヨンを渡すと、先生の指導を無視してロケットや自動車を描きなぐった。

だがサックスは、これは男の子に「欠陥」があるのではなく、眼の構造が女の子とちがうからだという。

モビールは紙やプラスチック、金属板などでさまざまなかたちをつくり、それを糸や棒で吊るした飾りだ。このモビールをベビーベッドの上から吊るし、同時に若い女性が赤ちゃんに笑いかけると、男の赤ちゃんはぶらぶら揺れるモビールを見ようとし、女の赤ちゃんは女性の顔を見ようとする。女の子は生まれつき人間の顔に興味を持ち、男の子は生得的に動くものに興味を持つのだ。

このちがいはどこから生じるのだろうか。

網膜には、桿状体《かんじょうたい》に反応するM細胞（大細胞）と、錐状体《すいじょうたい》とつながるP細胞（小細胞）がある。

桿状体は単純な動きの探知装置で、網膜全体に分布し、視野のどこにある物体でも追うことができる。それに対して錐状体は、視野の中央部分に集まっていて、質感や色の状態に反応する。桿状体からの情報はM細胞を通じて大脳皮質の物の動きの分析を司る部位に送られ、錐状体からの情報はP細胞を通じて質感と色の分析を司る部位へ送られる。

男女の網膜を調べると、男性のほうが厚い。これは男性の網膜に大きくて厚いM細胞が広く分布しているからで、それに対して女性の網膜は小さく薄いP細胞で占められている。

幼い子どもにクレヨンと白い紙を渡して好きな絵を描かせると、女の子たちは赤、オレンジ、緑、ベージュといった「暖かい色」で人物（あるいはペットや花、木）を描こうとする。一方、男の子たちは黒や灰色といった「冷たい色」を使って、ぶつかろうとするロケット、誰かを食べようとするエイリアン、別の車に衝突しようとする車など、なんらかの動きを表現しようとする。これは親や教師が「男の子らしい」あるいは「女の子らしい」絵を描くように指導したからではなく、網膜と視神経の構造的なちがいによって、色の使い方や描き方、描く対象の好みが分かれるからだ。

ところがアメリカの（日本でも）幼稚園の先生の大半は女性で、こうした男の子の特徴がわからない。そのため、どれほど指導しても女の子のような（暖かい色を使った人物の）絵を描くことのできない男の子は、「どこかがおかしい」と判断されて「治療」の対象になってしまうのだ[51]。

「男らしさ」「女らしさ」の正体とは

男性と女性の脳組織に顕著な性差があることは、脳卒中と言語機能の関係から明らかになった。

脳の左半球に卒中を起こした男性は、言語性ＩＱが平均で20％低下するが、右半球に卒中を起こした場合は言語性ＩＱの低下はほとんど見られない。それに対し、脳の左半球に卒中を起こした女性は言語性ＩＱが平均で９％低下し、右半球に卒中を起こした場合でも11％低下する。

男性の脳は機能が細分化されていて、言語を使う際に右脳をほとんど利用しないが、女性の脳では機能が広範囲に分布しており、言語のために脳の両方の半球を使っているのだ[52]。

こうした脳の機能的なちがいは、興味や関心、知能や感情などさまざまな面に影響を及ぼす。

欧米においても、自然科学の分野で博士号を取得する女性の比率は10％を下回り、物理学と工学（エンジニアリング）では5％に届かない。これは従来、アカデミズムにおける性差別の明白な証拠とされていたのだが、それでは生物学において女性研究者の比率が25％ちかくを占める理由が説明できない。フェミニストの批判が正しいのなら、著名な物理学者であるアインシュタインもファインマンも性差別主義者になってしまう。

この疑問に対してカナダの心理学者ドリーン・キムラ（「キムラ」姓だが日系ではない）は、自然科学における男女の偏りは、女性の脳が物理学よりも生物学に適しているのが理由だとこたえる。胎児の段階から男性ではテストステロン、女性ではエストロゲンなどの性ホルモンが脳の形成に影響を及ぼし、その結果、男性は空間把握や数学的推論の能力が発達し、女性は言語の流暢性を高めた。女性研究者は自分自身の合理的な判断によって、優位性のある分野に進むのだ。[53]

イギリスの心理学者サイモン・バロン＝コーエンは、男性の脳の特徴は「システム化」で、女性の脳は「共感」に秀でていると述べた。[54]プログラマの大半が男性で、看護師や介護士に女性が多いのは、脳の生理的な仕組みによって「好きなこと」がちがうからだ。

ボーヴォワールは、「人は女に生まれるのではない。女になるのだ」と書いた。だが家庭や学校での性差別的な教育が「女らしさ」を植えつけるという（広く信じられている）この仮説は、大規模な社会実験によっても否定されている。

キブツはイスラエルの実験的なコミューン（共同体）で、子どもは幼児期に親から切り離されて寄宿舎で生活し、訓練を受けた保育の専門家が男女をいっさい区別しない教育を行なう。性別や階級の壁がない「ユートピア」で育った子どもたちは、あらゆる職業を半分ずつ担うようになるはずだった。

だが人類学者が1970年代にキブツで育った3万4000人の生活を調査したところ、意外な事実が明らかになった。男女の役割分担を均等にしようと試みて4世代が経過しても、女性の7～8割は人間を相手にする仕事、なかでも保育や教育の分野に集まり、男性の大半は農作業や工場、建設、営繕関係の仕事を選んでいたのだ。さらに奇妙なことに、キブツでの生活が長いほど性別役割分業の傾向が強く見られた。

これを受けて、研究者は次のようにいう。

「統計データに表れた結果は実に意外だった。男女はそれぞれが別々のコミュニティで生活し、顔を合わせるのは住居だけという印象である。まるで二つの別の村を調査しているようだといっても過言ではない。男女が選ぶ職業、そして就きたいと思う職業が同じになるどころか、分かれていく強力な傾向が全般的かつ累積的に見られることは、過去に特定のキブツを調査した研究者たちと同様、われわれも予想していなかった」

「男はモノを相手にした仕事を、女はひととかかわる仕事を好む」というキブツの大規模な社会実験の結果は、男女の志向のちがいが（男性中心主義的な）環境ではなく、脳の遺伝的・生理的な差から生じることを示している。男らしさや女らしさは進化が生み出した脳のプログラムなのだ[55]。

「母性愛」のもと、オキシトシン

なぜ女性は「子育て」に惹かれるのだろうか。「進化の過程でそのような行動が強化されたから」というのが生物学からのこたえだ。

女性が乳幼児に授乳や養育、保護などを行なうとオキシトシンというホルモンが分泌される。オキシトシンはモルヒネ様ホルモンで、その効果によって女性は「満ち足りた幸福感」を味わう。

ある（女性の）神経医学者は、これをドラッグの禁断症状にたとえている。授乳中は鎮痛作用と快感誘発作用のあるオキシトシンが数時間おきに母親の脳を満たすが、仕事に行くとその供給が途切れてしまう。そのため授乳中の母親は、早く家に帰りたくてうずうずするのだ。

母性とホルモンの関係については、さらに衝撃的な研究結果もある。ネズミを使った実験では、母ネズミにコカインか子ネズミへの授乳かを選ばせると授乳を選ぶ。母ネズミの「母性愛」はコカインの誘惑を退けるほど強いのだ。

しかしなぜ、このような行動が進化の過程で選択されたのだろうか。じつは母ネズミにコカインを摂取させると、授乳や養育をやめてしまうことがわかっている。コカインが母性行動を司る神経経路を阻害するからで、コカインの刺激を好む母ネズミは子ネズミをうまく育てることができない。そのため狡猾な進化のプログラムは、コカインよりも強力な体内ドラッグを母ネズミに与えたのだ。

男性の行動や性格に性ホルモンのテストステロンが強く影響していることはよく知られているが、オキシトシンの作用はまだ完全に解明されていない。だが現在では、オキシトシンは授乳や子育てだけでなく、分娩やセックスのオルガスムでも分泌することがわかっている。[56] セックス依存症や（ホストクラブにはまる女性の）愛情中毒は、幼児期・思春期の家庭環境や性的虐待が原因とされているが、じつは授乳と同様、〝体内ドラッグ〟の禁断症状なのかもしれない。

進化生物学者リチャード・ドーキンスは、すべての生き物は遺伝子を効率的に複製するための乗り物（ヴィークル）だと述べた。「利己的な遺伝子」は性交、出産、授乳、子育てに多大な報酬を与え、それによって生じる幸福感から「母性愛の錯覚」を生み出し、後世により多くの遺伝子を残そうとしているのだ。

男女でちがう「幸福の優先順位」

日本はもちろんのこと、欧米でも女性の平均収入は男性より低く、組織のトップの座を占めている人数も少ない。だが先進国で男女の満足度を調べると、いつの時代でも女性のほうが一貫して高いことが知られている。その一方で、イギリスの2万5000人の女性公務員を対象にした調査によれば、90年代前半以降、女性の仕事に対する満足度が下がっているが、男性の満足度はほぼ変わっていない。[57]

女性が男性と異なる職業選択をしていたときには、女性は男性より幸福度が高かった。

だが男女同権で女性の社会進出が進んだことによって、人生の満足度も男性と同じレベルまで下がってしまったのだ……。

この奇妙な現象には、さまざまな説明が試みられている。そのひとつは、たとえ高学歴でも、女性は男性に比べて自信を持つことが苦手だというものだ。

MBAを目指すアメリカの一流大学の学生を対象に、会社で給与の査定を受ける模擬実験をすると、昇給の交渉をする女性は男性の4分の1しかおらず、たとえ交渉したとしてもその額は男性より30%低かった。またイギリスのビジネススクールで「卒業から5年後の自分にふさわしい収入はいくらだと思うか」と訊くと、男性の平均が8万ドル(約960万円)に対し、女性は6万4000ドル(約770万円)だった。学歴社会の頂点にいる女性たちですら、自分の価値を男性より20%も低く見積もっているのだ。

この「自信のなさ」はこれまで、家庭や学校での性差別的な教育のせいだとされていたが、いまでは遺伝子の影響が疑われている。

神経伝達物質のひとつセロトニンが不足すると不安感が強まり、うつ病のリスクが高くなる。セロトニンを運ぶ遺伝子には、ふたつの短い遺伝子からなるSS型、短いものと長いものが1本ずつのSL型、長い遺伝子が2本のLL型があり、遺伝子が長いとセロトニンの輸送効率が高い。社会構造がヒトにきわめて近いアカゲザルでは、LL型の遺伝子を持つサルは積極的なリスクをとるリーダータイプに成長し、SS型のサルは不安症で親にべったりくっついている。遺伝子の型によって「自信」は大きく変わるのだ。

セロトニントランスポーター遺伝子の分布が男女で異なることはないものの、SS型の遺伝子を持つ女性は男性に比べ、脳内のセロトニンの濃度が52%も少ない。「心配性」の変異体を持つ女性はきわめて強い不安を抱えている。[58] こうした女性にとって、組織のなかでの出世競争は苦痛以外のなにものでもないだろう。

このように、最新の遺伝学や脳科学の知見は、男と女では生まれつき「幸福の優先順位」が異なることを示唆している。男性は競争に勝つことに満足を感じるが、女性の場合、家庭と切り離されると人生の満足度が大きく下がってしまうのだ。

だがこれは、女性が進化と遺伝の犠牲者だということではない。

旧ソ連では物理学と工学の分野で男女はほぼ同数だったが、これは国家が職業選択の自由を奪い、強制的に「エンジニア」を育てたからだ。

そのような「平等な社会」より、高い知能と共感能力を持つ女性が有能な医師や弁護士、教師や看護師・介護士として活躍できる自由な社会のほうがずっといいことは明らかだろう。

進化心理学は、「女は女らしい仕事をすればいい」とか、「女性は家事・育児をするように進化した」と主張するわけではない。私たちの社会に必要とされているのは、男女の性差をイデオロギーで否定するのではなく、両者のちがいを認めたうえで、男も女も幸福な人生を送れるような制度を目指すことだろう。

〔コラム8〕◉女子校ではなぜ望まない妊娠が少ないのか

男と女の脳には生得的なちがいがあり、その結果、男の子と女の子では見え方や聞こえ方がちがい、遊び方がちがい、学び方がちがい、けんかの仕方や世界の見え方もちがう。だとしたら、男の子と女の子はそれぞれの適性に合わせ、別々の学校で教育したほうがずっと自然かもしれない。[59]

モントリオールの低所得地域にある共学の公立校では、校長の判断で男子と女子のクラスを完全に分けたところ、常習欠席は3分の1に減り、標準テストの点数は15%上昇し、大学への進学率もほぼ倍になった。そればかりか、この「改革」で10代での妊娠の割合がいちじるしく減少した。以前は1年につき平均15人ほどいたのが2人ほどになったのだ。

女子校では共学に比べて生徒本人の望まない妊娠が少ないことは以前から知られていた。だがこれは、一般に思われているように、女子校の生徒は共学に比べて男の子とデートする機会がないからではない。さまざまな調査によると、女子校の生徒がデートする機会は、共学の女子生徒と比べてもけっして少なくはない。

だったらなぜ、女子校の生徒は望まない妊娠を避けられるのか？　それは、共学と女子校では生徒同士の関係のありかたがちがうからだ。

共学では、男子と女子は個人というよりも、それぞれが属するグループの地位によってつき合う相手を選ぶ。グループでいちばん人気のある男の子は、おなじくグループでいちばん人気のある女の子とデートする、というように。

このようなつき合いでは、女の子にボーイフレンドができると、カレシは女の子が仲良くしている友だちグループの一員になる。同様に男の子にガールフレンドができれば、カノジョは男の子が所属する友だちグループに紹介されるだろう。交際がグループ単位だと、どこに行くにも、なにをするにもいっしょになるのだ。

このことは、とりわけ女の子に大きなプレッシャーを与える。もしそのボーイフレンドにふられると、そのことは即座に友だち全員の知るところとなり、女の子同士の関係、すなわち学校での社会的アイデンティティそのものが危うくなるのだ。

一方、男の子にとっても、他の男の子がガールフレンドとセックスしているのに、自分だけがセックスできないと、グループ内での地位が危機にさらされることになる。当然彼は、「愛情の証《あかし》」として、執拗《しつよう》にガールフレンドにセックスを求めるようになるだろう（なんといっても、彼女の友だちはボーイフレンドに身体を許しているのだ）。そうなると彼女は、友だちグループの関係を壊さないために、それを受け入れるしかなくなる。共学では、こうした「社会圧力」が望まない妊娠へとつながっていくのだ。

それに対して男女別学の学校では、女の子の友だちグループは、ボーイフレンドの友だちグループとは切り離されていることが多い。彼女の女友だちは別のグループの男の子とつき合っているのだから、その関係はずっと個人的なものになるだろう。女の子の友だちは、彼女にボーイフレンドができたことには気づくだろうが、毎日学校で顔を合わせるわけではないからたいして興味を持たないのだ。

その結果、女子校の女の子は、性的な意思決定に対して自律性を保てるようになる。

ボーイフレンドからのセックスの強要を断ったとしてもそれが女の子同士の関係に影響を与えるわけではなく、男の子にふられたとしても、学校での友だちづき合いはこれまでと同じようにつづいていくのだ。

私たちはずっと、「男女平等」は男の子と女の子を同じように扱うことで、共学で同じ教育をすることが正しいと考えてきた。イスラーム圏のように、女性に対する差別的な扱いが社会的規範に深く刻み込まれている地域もあるから、これは理由がないことではない。

だが男の子と女の子の性差が生得的なものであるならば、男女平等の社会をつくるためにこそ、男の子と女の子を別々に扱う必要があるのかもしれない。

9 結婚相手選びとセックスにおける残酷な現実

精神分析学を創始したフロイトは、ひとは性的欲望を無意識に抑圧していると考えた。エディプスコンプレックスでは、男の子は母親との性交を望むが、父親によってその欲望を禁じられ、去勢の恐怖に怯えるのだ。

だがいまでは、こうした「お話」はすべてデタラメだとわかっている。近親婚は遺伝学的にきわめて不利な繁殖方法で、ヒトだけでなく、両性生殖する種はすべて、なんらかの方法で血縁度の高い異性とのセックスを避けている。

イスラエルのキブツ（共同生活を行なうコミューン）では、生まれた子どもを家庭から切り離して託児所で共同保育するが、ここで育った幼なじみ同士はほとんど結婚しない。台湾や中国の一部では血縁関係のない幼女を養子にし、男の子といっしょに育てながら将来の嫁にするマイナー婚が行なわれているが、その後の経過を調べると、女性はたいてい結婚に抵抗し、離婚率は平均の3倍で、子どもの数は40%も少なく、不倫も多かった。人間には、「幼年時代を共有した異性には性的関心を抱かない」という本性が埋め込まれているのだ。[60]

エディプスコンプレックスはフロイト理論の根幹で、それがウソだったのだから、精神分析は擬似科学でしかない。しかしそれでも、フロイトはきわめて重要な洞察をしている。それは、人間が「性」にとらわれているということだ。

一夫多妻と一夫一妻はどちらが得か

動物学者は、ヒトの性行動がきわめて特殊なことに早くから気づいていた。

圧倒的多数の哺乳類は、排卵期になるとメスの生殖器が赤く変色するなどして交尾を誘い、オスはそれを見て発情する。メスが受胎可能でない時期は、オスもセックスに興味を示さない。進化論的な適応としては、生殖にとってムダなことをしないこの仕組みはとても合理的だ。

ところがヒトのメスは、排卵を隠蔽《いんぺい》して生殖可能な時期をわからなくし、受胎できるかどうかにかかわらずセックスできるよう進化した。メスの排卵期を知ることができなくなったオスは、いつでもどこでも発情してセックスを求めるようになった。この性への妄執《もうしゅう》が、知能の進化や文化の成立をもたらしたと考える研究者も多い。

フロイト理論に代わって、性を語るうえでの新たな定説となったのが進化生物学だ。リチャード・ドーキンスは、ヒトを含むすべての生き物は「後世により多くの遺伝情報を引き継ぐように進化の過程で最適化された〝遺伝子の乗り物（ヴィークル）〟」だと述べた[61]。すべての生き物は自らの遺伝子の複製を最大化するために、他の生き物とのあいだで複雑なゲームを行なっている。遺伝子を「貨幣」、環境を「市場」とするなら、それは、市場で遺伝子という貨幣を最大化しようとする「経済学」として扱うことができる――このようなロジックで生物学に経済学を導入したのが、アメリカの進化生物学者ロバート・トリヴァースだ[62]。

哺乳類では、生殖におけるオスとメスの投資額にきわめて大きなちがいがある。オスは精子の放出にほとんどコストがかからないが、メスは妊娠後は子宮内で赤ちゃんを育て、出産後も授乳が必要になるから、子どもひとり（1匹）に対する投資額はきわめて大きい。このようなコスト（費用）―ベネフィット（便益）構造のちがいから、オスはできるだけたくさんのメスと交尾しようとし、メスは貴重な卵を最大限有効に使うために生殖相手をえり好みするようになるはずだ。

こうした条件では、群れのなかでもっとも強い（優れた遺伝子を持つ）オスがメスを独占することになりやすい。メスにとっては遺伝的に劣ったオスと交尾する理由がないからで、ゾウアザラシやアカシカからゴリラまで、一夫多妻が動物界に多く見られるのはこのためだ。

ただしヒトには、乳幼児が独り立ちするのにきわめて長期の養育が必要になるという、もうひとつの際立った特徴がある。この場合メスは、遺伝子の優劣だけでオスを選択するわけにはいかなくなる。一夫多妻で他の多くのメス（ライバル）とひとり（1匹）のオスを共有したのでは、オスからじゅうぶんな支援を受けられない恐れがあるからだ。10の資源を持っているオスと、4の資源しか持たないオスでは、当然、10の資源のほうが好ましい。だがこの10の資源を3人のメスで分け合うのなら、4の資源のオスを独占したほうが経済的に合理的なのだ。——これが、ヒトの社会で一夫一妻制が広く観察される理由だとされている。

メスの狡猾な性戦略

オスとメスのラットを同じケージに入れると、オスのラットはただちにメスと交尾を始めるものの、回数を重ねるうちに飽きて、メスがオスを小突いたりなめたりして交尾を求めても反応しなくなる。だがそこに新しいメスを入れると、オスはたちまち新しいメスと交尾を始める。こうした性行動の特徴は、アメリカ大統領カルビン・クーリッジの故事（というか小噺《こばなし》）から「クーリッジ効果」と呼ばれている。進化生物学は、オスがなぜこのような性質を持つようになったかをシンプルに説明する。

同じメスと複数回交尾したオスにとっては、自分の精子はじゅうぶんに注入したのだから、それ以上の努力は資源の無駄づかいだ。それに対して別のメスとの交尾は、遺伝子のコピーを増やす新たな機会を提供してくれる。そこで「利己的な遺伝子」は、精子を有効活用して子孫の数を最大化するよう、同じメスとのセックスに飽きたり、新しいメスに興奮したりするプログラムを本能に組み込んだのだ。

これが多くのオス（男性）が浮気をする進化論的な理由だとすると、メス（女性）も狡猾な性戦略を使っている。

メスの直面する問題は、優秀な遺伝子を持つオスにはライバルが多く、独占可能なオスはさほど優秀な遺伝子を持っていないことだった。これは典型的なトレードオフ（あちら立てればこちらが立たぬ）だが、この問題にはきわめて簡単な解決方法がある。優秀な遺伝子を持つオスの子どもを、献身的に子育てするオスに育てさせればいいのだ。
一夫一妻制におけるメスの最適戦略は、オスによる嫉妬の報復を避けながら、他人の子どもを自分たちの子どもだと巧みに偽って育てさせることだ。――これが論理的な必然だとしても、果たしてそんなことが起きているのだろうか。

イギリスの生物学者ロビン・ベイカーは、平均すれば男性の10％は他人の子どもを自分の子どもと誤解して育てているという。だがこの数字は所得によって大きく異なり、最低所得層にかぎれば他人の子どもの比率は30％に跳ね上がり、最高所得層の男性では2％に激減する[63]。

この推計を（それがもし正しいとすれば）どのように考えればいいのだろうか。

高所得の男性と結婚した妻が、夫をだまそうとはあまり思わない理由は明らかだ。彼女にとっても、夫よりすぐれた遺伝子を持つ（若くて健康で美貌で長身の）男性は魅力的だろうが、（血のつながらない子どもがいるという）欺瞞《ぎまん》が発覚したときに失うものがあまりにも大きいので、リスキーな性戦略を採用しようとは思わない。

このことは逆に、最低所得層の家庭に夫と血のつながらない子どもが多い理由も説明している。夫の稼ぎが少なければそれを失ったときのコストも小さいから、妻にとっては〝ギャンブル〟をするハードルが低くなるのだ。

避妊法の普及が望まない妊娠を激増させる

ここで、以下のふたつのデータを見てみよう。

① 1900年、19歳の未婚女性のうち性体験のある女性はわずか6%だったが、1世紀後には75%になっていた。

② 避妊技術は過去半世紀に向上の一途をたどったが、それにもかかわらず、未婚女性による出産数は同期間に5%から41%へと増えている。

若い未婚女性の性体験が大幅に増えたのは、コンドームやピルのような避妊法が普及したからだ。セックスのコストをゼロにして快楽というベネフィットだけを享受できるのだから、カジュアルセックスが一般化するのは当然に思える。

だがアメリカの統計調査では、セックスのカジュアル化と同時に、未婚女性による出産（婚外子）も大幅に増えている。これは避妊技術の普及という前提と矛盾するが、どうしてこんなことが起こるのだろう。

この疑問に対して、カナダの女性経済学者マリナ・アドシェイドは、性市場ではさまざまなタイプの女性集団が男性をめぐる獲得競争をしているからだと答える【64】。

ここでは便宜的に、次のふたつの集団を考えてみよう。

第一のタイプの女性は、望まない妊娠を恐れて婚前交渉を避けている。第二のタイプは、道徳的な罪悪感から婚前交渉を拒否する。このとき、第二の「道徳的な女性」のほうが第一の「妊娠のコストを重視する女性」よりずっと多いとしよう。

だがこの条件でも、効果的な避妊法の登場は望まない妊娠を大幅に増やすことになる。その理由はきわめて単純だ。

コスト重視の女性がセックスを躊躇する理由は妊娠の恐れしかないのだから、避妊技術が普及すれば、彼女たちは積極的に性の快楽を楽しもうとするだろう。そしてこうした女性の行動が、道徳的な理由から婚前交渉を拒否してきた女性にも強く影響する。

性市場においては、多数の若い男性と若い女性が互いに性的なパートナーを獲得しようと複雑なゲームを行なっている。保守的な社会では、大半の女性が婚前交渉を拒むから、男性が（売春以外で）セックスを手に入れるためには、結婚によって生涯にわたる経済的援助を約束しなければならない。いうまでもなく、これは男性にとってきわめてハイコストな取引だ。

このとき、あるタイプの女性が避妊を条件にカジュアルセックスを受け入れるようになったとしよう。これは一部の商店が（ほとんど）同じ商品を格安で販売するのと同じだから、〝消費者〟はこぞってこの女性に殺到するはずだ。

セックスをモノと同一視するのは抵抗があるかもしれないが、男性であれば、自分の若い頃を考えれば誰でも心当たりがあるだろう。「受け入れてくれる（やらせてくれる）」女の子はモテるのだ。

そうなると、道徳的な女の子はカレシ獲得競争できわめて不利な立場に置かれることになる。好きな男の子がいたとしても、セックスを拒んでいると、カレは「やらせてくれる」女の子のところに行ってしまうのだ。

ユニクロの登場でフリースやジーンズなどカジュアルウェアの価格が大きく下落したように、一部の女の子がカジュアルセックスを楽しむようになると、それにひきずられて性市場における女の子のセックスの価格も下落してしまう。このようにして、保守的で道徳的な社会であっても、多くの女の子が婚前交渉に応じざるを得なくなる。

研究者の推計では、2002年に性体験を持った未婚のティーンエイジャー（13～19歳）のうち、「ピルで避妊できる」との理由でセックスをした割合は1％に満たない。[65]

だがこのわずかな女性の存在が、性市場における男の子と女の子の「ゲーム」のルールに大きな変化をもたらし、コンドームなしのセックスを拒否できない女の子を激増させることになったのだ。

低学歴の独身女性があぶれる理由

こうした説明はかなり乱暴なものに思えるだろうが、パートナー選びを経済法則で考えると、性の社会問題をかなりうまく説明できる。

近代初期の産業革命の時代は、男が工場や炭鉱で肉体労働し、女が専業主婦として家事と子育てをする性別役割分業が機能していた。だが急速に知識社会化した現代においては、肉体労働はかつてのような利益を生み出せなくなり、それと同時に、男女の知能の差は身体的な性差よりもはるかに小さいので、労働市場に女性が大量に参入してきた。

アメリカやカナダでは（日本やヨーロッパでも）女性の高学歴化が急速に進んでいる。その結果、文系の学部を中心に、いまでは女子学生が多数派になった。

北米の大学において、性に対して積極的な男子学生の典型的な戦略は、女子学生をバーに連れていって酔いつぶすことだ。アメリカの136校の短大以上の学校から集めたデータでは、全学生のほぼ半分が大酒しているが、彼らは残り半分の学生に比べ、コンドームを使わずにセックスする率が20％高く、94％が複数の相手とセックスしていた。[66]

女子学生はなぜ、こうした男子学生の誘惑に抵抗できないのだろうか。それは女子学生の数が増えた結果、需要と供給の法則によって、大学でカレシを見つけようとするときの交渉力が弱くなったからだ。バーの誘いにつき合ってもくれないカタブツでは、魅力的な男子から声をかけてもらえないのだ。

アドシェイドは、女性の高学歴化が低学歴の女性の性戦略をきわめて困難なものにしているという。

高学歴で高所得の女性は、自分に釣り合った高学歴で高所得の男性とカップルになろうとする。男性は一般に、女性に若さや美貌を求めることが多いが、それでも低学歴の女性が高学歴の女性との競争に勝ち残るにはかなりの資質を持っていなければならない。高学歴の男性も（女性ほどではないとしても）高学歴の相手と家庭をつくる傾向があるためで、一時のロマンスなら若さと美貌でじゅうぶんだろうが、長期の関係を考慮すると、趣味や嗜好、家庭環境がまったくちがう相手はやはり億劫《おっくう》なのだ。

こうして高学歴の男性と高学歴の女性が結婚し子どもをつくると、（グローバル資本主義の陰謀などなくても）ごく自然に社会の経済格差は拡大していくだろう。

次に問題なのは、いまやかなりの比率の男性が学歴社会から脱落しつつあり、高学歴の女性の恋愛市場が過当競争になっていることだ。あぶれた女性は「恋人なし」になるか、低学歴の男性から自分の好みに合う相手を見つけるほかはない。

こうして低学歴の女性は、高学歴の男性の奪い合いだけでなく、低学歴の男性との恋愛市場でも不利な立場に置かれることになる。そしてこれが、アメリカの黒人女性の半分が独身かシングルマザーになる理由だ。

黒人女性の第一の苦境は、彼女たちの57％が大学に進学しているのに対し、黒人男性では48％しかいないことだ。需給において高学歴の黒人男性が少なすぎる。

第二の苦境は、黒人女性の大半が黒人男性のボーイフレンドを求めている（既婚黒人女性の96％が黒人男性と結婚している）のに対し、黒人男性はつき合う女性の人種にはさほどこだわらないことだ。黒人女性は、数少ない高学歴の黒人男性をめぐって白人やヒスパニック、アジア系などすべての高学歴女性と競争しなくてはならない。

第三の苦境は黒人男性の収監率がきわだって高いことだ。高学歴の黒人男性をあきらめたとしても、低学歴の黒人男性は刑務所に入っていて絶対数が少なく、そこでも激しい競争にさらされる。そのうえ、この競争に勝ち抜いて結婚・出産しても、夫が刑務所に行く可能性も高い。ここまで悪条件がそろっていれば、黒人女性の多くが満足するパートナーを獲得できずに独身を通したり、離婚してシングルマザーになるのも当然だ。

黒人女性はひとつの典型で、高学歴の男性が稀少となりつつある現代の知識社会では、低学歴の女性は人種にかかわらずきわめて不利な状況に置かれている。その結果、母子家庭が増えたり、独身で低所得のまま老年を迎える女性が増えると経済格差はますます広がり、社会は不安定化するだろう。

これはとても難しい問題だが、経済学的には、こうした状況を大きく改善する方法がひとつだけあるとアドシェイドはいう。それは一夫多妻制の導入だ。

格差社会の頂点にいる富豪たちが多くの妻を持てるようになれば、恋愛・結婚市場の過当競争が緩和され、婚活ヒエラルキーの下層で苦しんでいる女性たちにもパートナーを獲得するチャンスが広がるだろう。一夫多妻は女性の人権を蹂躙《じゅうりん》する前近代的な許しがたい制度だとされているが、「勝ち組」の男性が多くの女性を獲得することで損をするのは「負け組」の男性で、女性の厚生は全体として向上するはずなのだ。

もっとも、この「改革案」が実現する可能性はほとんどないだろうが。

10 女性はなぜエクスタシーで叫ぶのか？

進化論では、生き物のあらゆる行動は進化の淘汰圧から生じた適応だと考える。この考え方をレイプにあてはめると、4章で紹介したように、「暴力的に女性を犯すのはモテない男の性戦略だ」「レイプされた女性が精神的に深く傷つくのは、そのほうが夫を説得しやすいからだ」「レイプにはげしく抵抗するのは、それでもレイプする男の遺伝子が繁殖に有利だからだ」という〝暴論〟につながる。だが進化論は「科学」であり、動物行動学などの膨大な証拠に支えられているから、これを差別的だと切って捨てることはできない。

心理学者のクリストファー・ライアンと精神科医のカシルダ・ジェタは、ダーウィンの進化論に拠《よ》りながら、進化心理学のこうした不愉快な通説に異を唱えた。[67] 2人が提示した仮説はきわめて刺激的なものだ。

ヒトの本性は一夫一妻？

哺乳類の番《つがい》のつくり方には、一夫一妻制、一夫多妻制、乱婚の大きく3つがある。霊長類ではゴリラが一夫多妻、チンパンジーとボノボが乱婚、テナガザルが一夫一妻だ。それでは、ヒトはどうなのだろう。

デズモンド・モリス（『裸のサル』）を筆頭とする標準的な理解では、ヒトは「一夫多妻に近い一夫一妻制」とされてきた。男は妻が他の男とセックスしないよう拘束する一方で、機会があれば妻以外の女性と性的関係を結ぼうとする。それに対して女は、夫が自分と子どもを裏切って他の女に資源を投じることを警戒する。この相互監視によって一夫一妻が人類に普遍的な婚姻関係になるが、男の欲望は可能なかぎり多くの女とセックスすることなのだから、権力を持てばまっさきにハーレムをつくろうとする（その例は、チンギス・ハーンから大奥まで歴史上枚挙にいとまがない）。

このことは、オスとメスとの身体的特徴のちがいからも確認できる。

ゾウアザラシやトドを見ればわかるように、一夫多妻の種はハーレムをめぐってオス同士がはげしく競争し、身体が骨格の限界まで大きくなっていく。その一方でメスにはオスをめぐる競争はないから（いったんハーレムの主になったオスは、周囲にいるメスと手当たり次第に交尾する）、オスとメスの体格のちがいは大きく開いていくだろう。霊長類ではゴリラがこのタイプで、オスの体重はメスの2倍ちかくある。

それに対して一夫一妻制ではオスも競争の必要がないから、メスと同じ体格のままのはずだ。――実際、テナガザルは雌雄《しゆう》でほとんど区別がつかない。乱婚も事情は同じで、オスはゴリラのように巨大な身体を持つ必要はない。チンパンジーやボノボのオスがメスより10～20％大きいだけなのはこのためだ。ヒトのオスも、メスよりは大きいが顕著なちがいがあるわけではない。このことはヒトが一夫多妻よりは一夫一妻に近い証拠だと考えられてきた。

睾丸とペニスの秘密

性戦略を表わすもうひとつの身体的特徴は、男性器と睾丸《こうがん》の大きさだ。成人したゴリラのオスは体重200キロ近くになるが、ペニスの長さは約3センチで睾丸は大豆ほどの大きさだ。なぜゴリラが立派なペニスや大きな睾丸を持っていないかというと、オス同士の競争はその前に終わっていて、セックスにコストをかける必要がないからだ（ハーレムのメスと自由にセックスできるのなら、ペニスや睾丸を発達させる必要はない)。一夫一妻でもこれは同じで、テナガザルのペニスは小さく、睾丸は身体のなかにしまいこまれている(これはゴリラも同じ)。

それに対して乱婚のボノボは、ゴリラの5分の1の体格(平均体重40キロ)にもかかわらずペニスの長さは約3倍で、睾丸にいたってはLLサイズのタマゴくらいの大きさだ。そのため睾丸が体内にあるとうまく放熱できず、身体の外に押し出されている。

ボノボがなぜ巨大な睾丸を持つようになったかというと、身体の大きさや力の強さではなく、精子レベルで他のオスと競争しているからだ。1頭のメスを複数のオスで共有するなら、多量の精子を生産できるほうが、自分の精子が子宮に到達できる可能性が高まる。チンパンジーの性行動はボノボとは異なるが、ペニスや睾丸の形状はよく似ているので、彼らも「精子競争」をしていることがわかる。

それでは、ヒトのオスはどうなっているのだろう。睾丸はゴリラやテナガザルよりも大きいが、ボノボやチンパンジーよりも小さい。これもまた、ヒトの本性が一夫多妻でも乱婚でもなく一夫一妻制に近いことの証明だとされてきた。

ところで、ヒトのペニスは他の霊長類と比べてきわだった特徴を持っている。ボノボやチンパンジーと比べて2倍近く長くて太いし、ペニスの先端に亀頭を持つのも霊長類ではヒトだけだ。従来の進化論では、こうした特殊なペニスの形状がどのような進化の圧力によって生じたのかをうまく説明できなかった。

進化論では、一夫多妻制のオスは、メスを獲得するために他のオスと激しい競争をしていると考える。一夫一妻であっても、集団生活をする種では、オスは獲得したメスの性行動を常に監視していなければならない。なぜならメスの性戦略としてもっとも効果的なのは、遺伝的に優れたオスの子どもを身ごもり、それを他のオスに育てさせることだからだ。

この暗澹たる前提から、進化心理学はヒトのオスの暴力性を説明する。男が妻や恋人に激しい嫉妬を感じ、DVのような暴力行為に走ったり、宗教の名のもとに妻の顔にヴェールをかぶせ、他のオスから遠ざけようとするのには理由があるのだ。

だがここで、ライアンとジェタは「通説のほころび」を指摘する。

女性の性衝動は弱いのか？

ヒトのメスは排卵を隠蔽して生殖可能な時期をわからなくし、受胎できるかどうかにかかわらず、月経の全周期を通じてセックスできるよう進化した。メスの排卵期を知ることができなくなったオスは、いつでもどこでも発情してセックスを求めるようになった。——この「通説」では、セックスに取りつかれているのはヒトのオスだけだ。

メスの進化論的な戦略は、安定した一夫一妻制のなかで子どもを産み育てることだから、（浮気によってよりよい遺伝子を持つ子どもをつくろうとすることはあっても）男性のような強い性衝動は不要のはずだ。実際、進化心理学でも「女性の性衝動は弱い」ということが暗黙の前提になっている。

だがライアンとジェタは、こうした見方は女性の性的欲望を否定し、純潔と貞節を重視する西欧的（ユダヤ・キリスト教的）イデオロギーの反映にすぎないという。ヨーロッパの歴史は、女性の性欲を否定しようとした苦闘の物語であふれているからだ。

1500年代半ば、ヴェネチアで解剖学の研究をしていたマッテオ・レアルド・コロンボは、女性患者を診察しているときに、脚のあいだにある小さな突起物を発見した。「この〝ボタン〟を触ると患者は身体を緊張させ、さらに触診を続けるとその部位が大きくなったように見えた」とコロンボは記録している。

その後コロンボは、数十人の女性患者を観察し、全員がこの「未発見だった」突起物を持ち、触診に対して同じ反応をすることを確認した。そこで彼は、当時所属していた大学の学部長にこの「発見」を報告したが、その反応は期待していたものとはかなりちがった。コロンボは「数日のうちに、異端、瀆神《とくしん》、魔術、悪魔崇拝の嫌疑で教室で逮捕され、裁判にかけられて投獄された。その草稿は没収され、彼の死後数世紀を経るまでその発見は言及することが許されなかった[68]」。

17世紀の魔女狩りの時代になるとクリトリスは「悪魔の乳首」とされ、クリトリスの異常に大きな女性はそれだけで火あぶりにされた。だがこれを愚かな迷信と笑うことはできない。

1858年、イギリスの婦人科医でロンドン医師会会長だったアイザック・ベイカー・ブラウンは、女性のマスターベーションはヒステリーや脊髄《せきずい》の炎症を引き起こし、それがてんかんや痙攣《けいれん》につながって痴呆や躁状態を発症させ、最後は死に至ると主張した。そしてブラウンは、この悲劇を防ぐもっとも効果的な方法はクリトリスの外科的切除だとして、数え切れないほどのクリトリス切除手術を施した。

幸いなことにこの「理論」には根拠がないことがわかり、ブラウンはロンドン産科学会から除名され、クリトリス切除はイギリスでは行なわれなくなった。だがその間にブラウンの著作はアメリカで大きな評判を呼び、20世紀に入るまで、ヒステリーや色情狂、女性のマスターベーションの治療法としてクリトリス切除が実施されつづけた――1936年になっても、『ホルトの小児科学』という権威ある医学教科書で、少女のマスターベーション治療としてクリトリスの切除ないし焼灼《しょうしゃく》が推奨されていた[69]。

こうした興味深い性の歴史をたどりながら、ライアンとジェタは次のように問う。「通説」がいうように女性の性的欲望が弱いのなら、なぜこれほど執拗に女性の快楽を抑圧し、オルガスムを罰しなくてはならなかったのか――。

このことから2人は、驚くべき仮説を提示する。

チンパンジーとボノボ

ヒトにもっとも近い霊長類のなかで、テナガザルは一夫一妻制、ゴリラは一夫多妻制、チンパンジーとボノボは乱婚だ。動物学者などがヒトの性について語るとき、テナガザルを例に出すことが多いのは、両者が同じ一夫一妻制だと考えられているからだ。

しかしライアンとジェタは、進化の原理から考えれば、これは明らかにおかしいという。

霊長類（サル目）でテナガザルがヒトやチンパンジーなど「ヒト科」に分かれたのは約2200万年前、ゴリラが分岐したのはおよそ900万年前で、ヒトとチンパンジー・ボノボの分岐は500～600万年前だ（チンパンジーとボノボが分岐したのは300万年前）。だが通説によれば、ヒトの性行動は進化のうえで関係の薄いテナガザル（一夫一妻制）や、次に疎遠なゴリラ（一夫多妻制）に似ていて、もっとも関係の近いチンパンジーやボノボ（乱婚）とは異なるとされている。いったいこんなことがありうるだろうか。

もちろん通説でも男性の「乱交志向」は認めている。それが女性の「一夫一妻（ロマンチックラブ）志向」と衝突することで、一夫一妻と一夫多妻の混合形態が普遍的な婚姻システムになるのだった。

それでは、チンパンジーやボノボの性行動はどのようなものだろうか。これについては著名な霊長類学者のフランス・ドゥ・ヴァールが多くの啓蒙書を書いている（ただしドゥ・ヴァールが観察したのは自然界ではなく飼育施設のチンパンジーやボノボだ）。

それによると、チンパンジーの集団にはアルファオス（第一順位のオス／ボスザル）を頂点とする厳密なヒエラルキーがあるが、アルファオスがメスを独占してハーレムをつくるのではなく、下位のオスにも生殖の機会が与えられる（ボスに媚を売ることでセックスを許されたりする）。

メスは食料と引き換えにオスと交尾したりするが、その相手はやはり順位の高いオスが多い。チンパンジーのオスは、より多くの生殖機会を求めて権力のヒエラルキーを這い上がろうと必死になるのだ。

こうしたチンパンジーの生態は人間社会（とりわけ男の権力欲）をものすごくよく説明するように見えたため、世界じゅうで大評判を呼んだ。人間は「パンツをはいたチンパンジー」でしかないのだ。[70]

だがヒトとチンパンジーの性には際立ったちがいもある。チンパンジーのメスは妊娠可能な排卵の時期になると発情し、生殖器のまわりが赤く膨らんでオスを挑発するが、ヒトのメスは生殖器が隠されていてオスには排卵がわからない。「ヒト＝チンパンジー説」は性行動におけるこの大きなちがいを無視している。

アフリカ大陸に広範囲に分布するチンパンジーに比べて、ボノボは中部アフリカのコンゴ民主共和国中西部にしか棲息せず、そのため研究が遅れていた。だが動物学者による報告が始まると、その特異な性行動にひとびとは驚いた。

ボノボのメスも発情すると性皮がピンク色に変わるが、それ以外の時期にも擬似発情状態にあり、いつでも交尾を受け入れる。性行為も一般的な後背位（メスの背後にオスが乗る）だけでなく、それまでヒトだけの特徴とされてきた正常位も頻繁に行ない、オーラルセックスもする。こうした性行為はオスとメスのあいだだけでなく、メス同士が性皮をこすりつけあう「ホカホカ」、オス同士がペニスをぶつけあう「ペニスフェンシング」など、多様な性行動が観察された。ボノボでは性行為が生殖目的から離れ、社会的コミュニケーションの道具として使われているのだ。

その特異な性行動からボノボは「愛と平和」の象徴と呼ばれるようになった。彼らはチンパンジーのオスのようなはっきりとした権力ヒエラルキーをつくらず、争いごとは暴力ではなくセックス・コミュニケーションで解決し、平和に暮らしている（60年代のフラワーチルドレンがボノボのことを知っていたら、彼らの理想になったにちがいない）。

ここで、ライアンとジェタは次のように問う。

――霊長類のなかで、発情期にかかわらず交尾し、性行為をコミュニケーションの道具に使うのはヒトとボノボだけだ。そのボノボは、一夫一妻制のテナガザルや一夫多妻制のゴリラより進化的にはるかにヒトに近い。だとしたらなぜ、ヒトの性行動を考えるときにボノボを基準にしないのか。

そして彼らは、こう宣言する。「ヒトの本性は一夫一妻制や一夫多妻制ではなく、（ボノボと同じ）乱婚である」

農耕社会がすべてを変えた？

もちろんこの主張には、すぐにさまざまな反論を思いつくだろう。

世界じゅうを見回しても乱婚の社会などないし、歴史を振り返って出合うのは権力者による一夫多妻（ハーレム）ばかりだ。さらに強力な反論は、文化人類学者たちがフィールドワークした、これまでいちども文明と接触したことのない伝統的社会でも乱婚の部族が見つかっていないことだ。これではとうてい、乱婚が人間の本性とはいえない。

だがライアンとジェタは、こうした（予想される）批判についてこうこたえる。

人類の歴史のうち200万年は狩猟採集の旧石器時代で、ヒトの本性はこの長い期間に進化した。それに対して農耕が始まったのは1万年ほど前で、歴史にいたっては2000年程度しか遡れない。だが私たちは、無意識のうちに農耕社会や歴史時代を基準に

「人間」を理解しようとする。先史時代のひとびとがどのように暮らしていたかを正確に知る方法がないからだが、だからといって200万年のうちの1万年や2000年だけを取り出して人間の本性を論じても意味がない。

文化人類学はたしかに多くの伝統的社会を調査したが、これは旧石器時代とはまったくちがう社会だ。旧石器時代のひとびとは、血縁関係を中心にした50人から100人程度の集団をつくって平地を移動しながら狩猟採集生活を送っていた。現在の伝統的社会は、農耕に適した土地を奪われたあとに島や密林などの僻地に取り残されたひとびとで、移動の自由を失って定住する以外になくなった。旧石器時代には広大なアフリカとユーラシア大陸にせいぜい数百万人（大半の期間は数十万人）が分散していたのだから、現代の伝統的社会から彼らの生活を想像することはできないのだ。

ライアンとジェタは、旧石器時代の人類は集団内の女性を男たちで共有する、ボノボのような乱婚だったと考える。彼らは別の部族と出会うと女たちを交換し、新しく集団に迎え入れられた女は乱交によって歓迎される。旧石器時代の環境を考えれば、そのほうが進化論的に合理的だからだ。

歴史上、戦争の理由のほとんどは土地をめぐる諍いだが、これは農耕社会の成立以降の話で、狩猟採集のための土地がいくらでもあるのなら限られた資源をめぐって殺し合う必要などまったくない。そうなると戦争の原因は女の奪い合いしかないが、乱婚であれば、むしろ周辺の部族は集団に新しい血を提供してくれる貴重な存在なのだ。

また乱婚では、男たちは女をめぐって集団内で競争する必要もない。だったら、女が子育てのために男の庇護を求めるという話はどうなるのだろうか。

だが考えてみると、死亡率の高い旧石器時代では、これは女性の最適戦略とはいいがたい。事故や病気で夫が死んでしまえば（これは日常的に起きたことだろう）、保護を失った母子は生きていくことができなくなってしまうからだ。

だとしたら、乱婚によって子どもの父親をわからなくさせ、複数の「父親候補」を子育てに協力させたほうがいい。これによって父親の1人が死んでも、残りの父親からの援助を期待できるから、一夫一妻制よりもずっとリスク分散できるのだ。

それでは、男たちはどこで競争するのか。それは女性器（ヴァギナ）のなかだ。

ヒトの本性が乱婚だというきわめて説得力のある証拠のひとつが、男性器の構造だ。ヒトのペニスは乱婚のチンパンジーやボノボよりも長く、太く、先端にエラがついている。これまでの通説では、ペニスがこのような特徴的な形状を持つようになった理由をうまく説明できなかった。

だがヒトのペニスの機能は、かんたんな実験で明らかになった。ペニスと同じかたちをしたものをゴムの管のなかで激しく動かすと、管のなかに真空状態が生じ、内部の液体が吸い出されるのだ。

男性のペニスと性行動は、その特徴的なかたちとピストン運動によって、膣内に溜まっていた他の男の精液を除去し、その空隙《くうげき》に自分の精子を放出して真っ先に子宮に到達できるよう最適化されているのだ。

女性がエクスタシーで叫ぶ理由

乱婚社会においては、男たちは集団内でも女をめぐって暴力的に争うのではなく、膣内で「精子競争」している。[71] ボノボを見ればわかるように、こうした婚姻形態は集団の平和を保つのにものすごくうまく機能する。

一方、乱婚社会における女性の性戦略は、多くの男と性交渉して、もっとも優秀な男の精子が競争に勝って受胎するのを期待する、というものだ。

幼馴染《おさななじみ》に性的魅力を感じないのがウェスターマーク効果で、ボノボやチンパンジーでも、ヒトでも、これは遺伝的に不利な近親交配を避ける進化の仕組みだ。一般には、自分と異なるタイプの遺伝子のほうが感染症などに強い子どもが生まれるから、メスは集団内のオスよりも「よそもの」に強く魅かれるようになる。ボノボのメスは思春期になると「冒険的」になって母集団から離れて別の群れに加わるが、旧石器時代の女性たちも同じように、自らの意思で集団間を移動していたのかもしれない。

生まれた子どもは集団内の（高齢者を含む）女集団のなかで育てられ、男集団は狩りの成果を持って戻ってくる。こうした男女の役割分業は、現代でもアフリカやアジア南太平洋の伝統的社会で見られる。

乱婚説はにわかには信じがたいが、その論理にはかなりの説得力がある。さらにライアンとジェタは、もうひとつ強力な「証明」を用意した。それは、「なぜ女性だけがエクスタシーで叫ぶのか?」という問いだ。この「謎」に気づいたのは彼らがはじめてで、それだけでも学問的に大きな功績だ。

ヒトの本性が一夫一妻であれば、女性には性交の際に声をあげる〝進化論的な〟理由はない。先史時代のサバンナには獰猛《どうもう》な肉食獣がいたのだから、声によって自分の居場所を知らせるのはきわめて危険だったはずだ。

誰でも知っているように、男と女のオルガスムはきわめて対照的だ。男は挿入後の何回かのピストン運動でたちまち射精し、いったん射精すると性的欲望は消えてしまう。それに対して女の性的快感は時間とともに高まり、繰り返しオルガスムに達する。

このちがいをこれまでの進化論はうまく説明することができなかったが、ライアンとジェタは乱婚説で鮮やかに謎を解いてみせる。

男性が短時間でオルガスムに到達するのは、女性が大きな声をあげる性交が危険だからだ。旧石器時代の男にとっては、素早く射精することが進化の適応だった。

それに対して女性には、大きな声をあげることに、身の危険を上回るメリットがあったはずだ。それは、他の男たちを興奮させて呼び寄せることだ。これによって旧石器時代の女性は、いちどに複数の男と効率的に性交し、多数の精子を膣内で競争させることができた。そのためには、よがり声だけでなく、連続的なオルガスムが進化の適応になるにちがいない。

もちろんこうした説明が正しいかどうかはまだわからない。だが誰であれ「乱婚」説に反論するのであれば、「なぜ女性はエクスタシーで叫ぶのか？」という問いに対してこれ以上に説得力のある説明を提示しなければならない。

フリーセックスのユートピアは遠い

江戸時代までの日本の農村には若衆宿《わかしゅやど》のような若者たちの共同体（コミューン）があり、夜這《よば》いによる性の手ほどきや祭りの乱交が広く認められていた。こうした風習を持つ社会はアジアだけでなく世界じゅうで見られるが、それが隠蔽されたのは近代化によってユダヤ・キリスト教由来の硬直的な性文化が支配的になったからだ。すこし注意してあたりを見回せば、私たちのまわりには「乱婚」の痕跡《こんせき》がたくさん残っている。

ライアンとジェタはその一例として、中国の少数民族モソ族を挙げる。

モソ族は母系制の農耕社会で、女の子が13歳か14歳になると自分の寝室を持つようになる。中庭に面した寝室には表通りに通じる専用の扉がついていて、男はそこから娘の部屋に迎え入れられる。

彼らのルールは、誰と夜を共にするかが娘の選択に任されていることと、迎え入れられた男は夜明けまでに去らなければならないことだ。子どもができた場合、実の父親は責任をとる必要はなく、母親の家で育てられる。ただし兄弟も家事を手伝うから、男たちも間接的に子育てのコストを支払っているのだ。

ライアンとジェタの「乱婚」説が正しいとすると、進化心理学のこれまでの通説は大きく書き換えられることになる。

男と女の性戦略は対立などしていない。男の本性が乱婚なら、女もまたそれに合わせて乱婚的に進化してきた。男女の不一致は進化論的な「運命」ではないのだ。

男は女性獲得競争に勝つために暴力的になったわけでもない。乱婚の社会ではセックスはいつでも好きなときにできるのだから、争う理由などないのだ（競争は精子が代わりにやってくれる）。

だが農耕が、「幸福な旧石器時代人」をエデンの園から追い払い、すべてを変えてしまった。

狩猟採集社会では「所有」や「独占」は無意味だったが、農耕社会では、土地を奪われれば飢《う》え死《じ》にするしかないし、穀物などの「富」を独占すればなんだって手に入る。この社会環境の激変によって、ヒトの性行動も旧石器時代とはまったく変わってしまったのだ……。

この新説は一部では話題になったものの、専門家のあいだでも検証が進んでいるとはいいがたい。どこかに大きな欠陥があるのだろうか。学問的にはともかく、専門家が積極的に「乱婚」説を取り上げたくない理由はなんとなくわかる。

女性のセクシャリティはできるだけ多くの男と性交することだと、みんなが思うようになったとしよう。これは性文化における革命的な変化だが、現代社会（資本主義社会）では、フラワーチルドレン的（あるいはボノボ的）な愛と平和の理想郷をつくるのではなく、破壊的な作用をもたらす可能性のほうがはるかに大きい。

ヒトの本性が男も女も乱婚だとすると、男性からの性交の要求を拒むのは文化的な抑圧でしかなく、純潔や純愛などという「迷信」はさっさと捨て去って、妊娠可能な女性はどんな男でも喜んで迎え入れるのが自然だ、と主張するひとたちが現われるだろう。

これは杞憂《きゆう》というわけではない。

モソ族の風習は、いまでは中国内で広く知られるようになった。そのためモソ族の村には、若くてかわいい女の子とタダでセックスしようとする観光客がぞくぞくと押し寄せているのだという。

Ⅲ

子育てや教育は子どもの成長に関係ない

11 わたしはどのように「わたし」になるのか

双生児の奇妙な類似

生まれてすぐに里子に出された一卵性双生児が39年ぶりに再会した。1979年のアメリカ、オハイオ州での出来事だ。養親はルイス家とシュプリンガー家で、偶然、2人とも同じジェイムズ（ジム）という名前をつけられた。

それまでいちども会ったことがなかったのに、ジム・ルイスとジム・シュプリンガーのあいだにはさまざまな類似点があった。

2人ともやや高血圧気味で、半日もつづくひどい偏頭痛に悩まされていた。学校の成績はそれほどよくなく、1人は高校1年のときいちど落第、もう1人も落第すれすれの成績を取りつづけていた。

しかし類似点は、それだけではなかった。

この再会を報じた地元紙によれば、2人とも車はシボレーを運転し、ヘビースモーカーで銘柄はセーラム。改造カーレースが好きで野球は嫌い。そればかりか2人とも離婚歴があり、最初の妻の名はどちらもリンダで、2度目の妻はどちらもベティ、一方は長男をジェイムズ・アラン（Alan）、他方はジェイムズ・アラン（Allan）と名づけた。さらに飼い犬の名前はどちらもトイだった。

もちろんこの話は出来すぎで、眉つばなところもある。ひねくれた見方をすれば、2人は子ども時代からこっそり連絡を取り合っていて、新聞記者をだまして世間を驚かせようと企んだのかもしれない。犯罪捜査のように証言の裏づけをとるわけにはいかないから、真偽のほどは誰にもわからないのだ。

しかし2人のジム以外にも、同じような不思議な話がいくつも出てきた。たとえば38歳のときにはじめて再会したイギリスの一卵性双生児（女性）は、2人とも指に7つの指輪をして、片手に2つのブレスレット、もう片方にブレスレットと腕時計をし、息子をアンドリュー・リチャードとリチャード・アンドリュー、娘をキャサリン・ルイーズとカレン・ルイーズと名づけていた。

ユダヤ人の父親とドイツ人の母親の間に生まれた一卵性双生児のオスカーとジャック

の例はさらに衝撃的だ。オスカーはドイツの祖母に引き取られ、ヒトラーユーゲント（ナチスの青少年組織）で育てられた。ジャックはユダヤ人の父親の元に残り、イスラエルのキブツにいたこともあった。これほど生育環境が違うのに、2人が空港で再会したときはどちらも口ひげをはやし、メタルフレームの眼鏡をかけ、両肩に肩章のついたアーミー風のスポーツシャツを着ていた。どちらも女性に対して命令的な態度をとり、妻を怒鳴りつけたりした。さらに2人ともトイレを使う前に必ず水を流し、輪ゴムを腕にまく癖があり、雑誌をうしろから読んだ……。[72]

1960年代以降、別々に育てられた一卵性双生児は科学的にきわめて貴重な素材として、行動遺伝学者によって徹底的に研究された。こうした例が大量に集められると、もはや〝やらせ〟では説明できない。

ここでは双生児たちの奇妙な類似から、「わたしはなぜ『わたし』になったのか」という謎について考えてみよう。

「高貴な血」と「穢れた血」

わたしはどのように「わたし」になるのか。――これは深遠な問いだが、原理的には、その答は1行で書ける。

わたしは、遺伝と環境によって「わたし」になった。

氏《うじ》と育ちが子どもの性格や能力を決めることはむかしからわかっていたが、遺伝と環境の影響を分離することはできなかった。だからこそ「氏が半分、育ちが半分」ということでなんとなくお茶を濁《にご》してきたのだが、こうした曖昧《あいまい》な態度が好まれるのは、遺伝の影響を突き詰めるのが不都合だからでもある。

ヒトは太古のむかしから、血に特別な意味を見出してきた。このことをかんたんな実験で示したいなら、古いセーターに赤いインクをたらし、「これは強盗に刺されて死んだ友人の形見だ」といってみればいい。ほとんどのひとはそれを悪い冗談だと思うだろうが、それでもセーターに触れようとはしないはずだ。セーターの赤い染みが呪力のようなものを発していて、穢《けが》れた血に触れると災厄を招くと感じるからだ。[73]

その一方で、人類は歴史時代のずっと前から、高貴な血は子どもに引き継がれると信じてきた。時代や文化・宗教のちがいを問わず、王制や貴族制が世界の至るところで見られるのは、「血の神話」がヒューマン・ユニヴァーサルズ（人類に普遍的な性向）であることを示している（もちろん万世一系の天皇制もそのひとつだ）。

科学的には意味がないものの、誰もがその存在を疑わない仮想感覚をスピリチュアルセンスと名づけよう。眼力はその典型で、目からなんらかの物理的なちからが発せられているわけではないのだから、相手の視線を「感じる」ことなどできるはずがない。しかし私たちは、仮想感覚によって、「射るような視線」をたしかに感じる。

高貴な血への崇拝と穢れた血の忌避は、人類に普遍的なスピリチュアルセンスだ。しかし20世紀半ば以降は、人種差別やホロコーストの悲劇を経て、「穢れた血が子どもに引き継がれる」という考え方はタブーとされた。だったら高貴な血の神話もいっしょに捨て去らなければならないが、そうすると王制（天皇制）の根拠がなくなってしまうので、こちらのほうは残すことにした。こうして、「高貴な血は子々孫々まで引き継がれるが、穢れた血は遺伝しない」というなんともご都合主義なイデオロギーが「政治的に正しい」とされることになったのだ。

ちなみに、ヒトは両性生殖なので、子どもは父親と母親からそれぞれ50％の遺伝子を受け継ぐ。当然、父から子、孫へと世代が替わるごとに遺伝子の共有比率は低くなり、数十世代もすれば「高貴な血」も「穢れた血」もヒトの遺伝子プールのなかに散逸し、家系や血のつながりはなんの意味もなくなる（近親婚を繰り返せば別だが、これはほとんどの場合、劣性遺伝の影響で悲惨な結果を招く）。

遺伝の正確な知識を得ることは、「血の呪縛」から抜け出すことでもあるのだ。

遺伝するもの、しないもの

一卵性双生児は、同じ受精卵が初期の段階で2つに分かれ、独立した個体に育ったのだから、2人は完全に同一の遺伝子を共有している。それに対して二卵性双生児は、子宮に2個の受精卵が着床して生まれ、通常の兄弟姉妹と同じく、およそ50％の遺伝子を共有しているだけだ。行動遺伝学者は、この2種類の双生児を比較することで人格や能力の形成についての重要な事実を発見した。

一卵性と二卵性の双生児は、遺伝子の共有比率を別にすれば、他の条件（同時に生まれ、同一の家庭で育てられた）は同じだ。だとすれば、双生児のデータをたくさん集めて、彼ら／彼女らがどれくらい似ているのかを調べることで遺伝と環境の影響を測ることができるはずだ。

こうした研究によれば、身長、体重、指紋の数など量的な大小にかかわる項目は、二卵性に比べて一卵性の類似度がきわめて高い。双生児の養育環境は同じなのだから、類似性の差は遺伝の影響によるものと考えるほかはない。

類似性は相関係数で表わされ、1が完全に同一で、0がまったく無関係だ。たとえば体重の相関係数は一卵性で0・8、二卵性が0・4で、2対1という比率は一卵性が遺伝子の100％を共有し、二卵性が50％しか共有しないことに対応している[74]。このような場合、家族のあいだの体重の類似性は遺伝だけで完全に説明でき、同じものを食べたり、似たような生活習慣を持つといった環境の共有は無関係だ。

しかしこれは、遺伝ですべてが決まるということではない。一卵性双生児の相関係数が0・8なのは、2人の体重はよく似ているがまったく同じではないからだ。このちがいは（遺伝子はまったく同一なのだから）、お互いが異なる環境から異なる影響を受けていることによる――親が2人を別々の学校に通わせれば給食の内容が異なり、それが体重に影響するかもしれない。これを「非共有環境」という。

体重の家族的な類似性は遺伝的な要因で決まり、共有環境（家庭での食生活など）の影響はなく、体重のちがいは非共有環境によってもたらされる。すなわち、体重に与える影響（寄与度）は遺伝が80％、共有環境が0％、非共有環境が20％だ。

同様の手法で、一般知能（ＩＱ）や学業成績、胃潰瘍や高血圧などの病気、情緒障害、自閉症、アルツハイマー、統合失調症などの精神疾患・発達障害にどの程度、遺伝が影響しているかを調べることができる。

その結果を見ると、すべての項目で一卵性の類似度は二卵性を上回っているが、その「似ている度合い」はかなり異なる（次頁図11－1、11－2）。

たとえば胃潰瘍は、遺伝的な影響が見られるものの、一卵性の類似度が二卵性よりも極端に高いわけではない。〝遺伝病〟と見なされるがんは、胃潰瘍と比べて双生児類似性がずっと低い。これは、がんを引き起こすのががん遺伝子だとしても、それが発現するかどうかは環境によることを示している。[75]

環境で発病が決まるなら、親族にがんが多い、いわゆるがん家系だとしても、食事や生活習慣に配慮することで予防は可能だ。今後、双生児研究がさらに進展すれば、「がんにならない生活」がどのようなものかわかってくるかもしれない。このように行動遺伝学は、私たちの生活の改善に大きな可能性を秘めている。

だがそれと同時に双生児研究は、現在の社会では容易に受け入れがたい不都合な事実

【図11－1】：身体面、および病理面における双生児の類似性

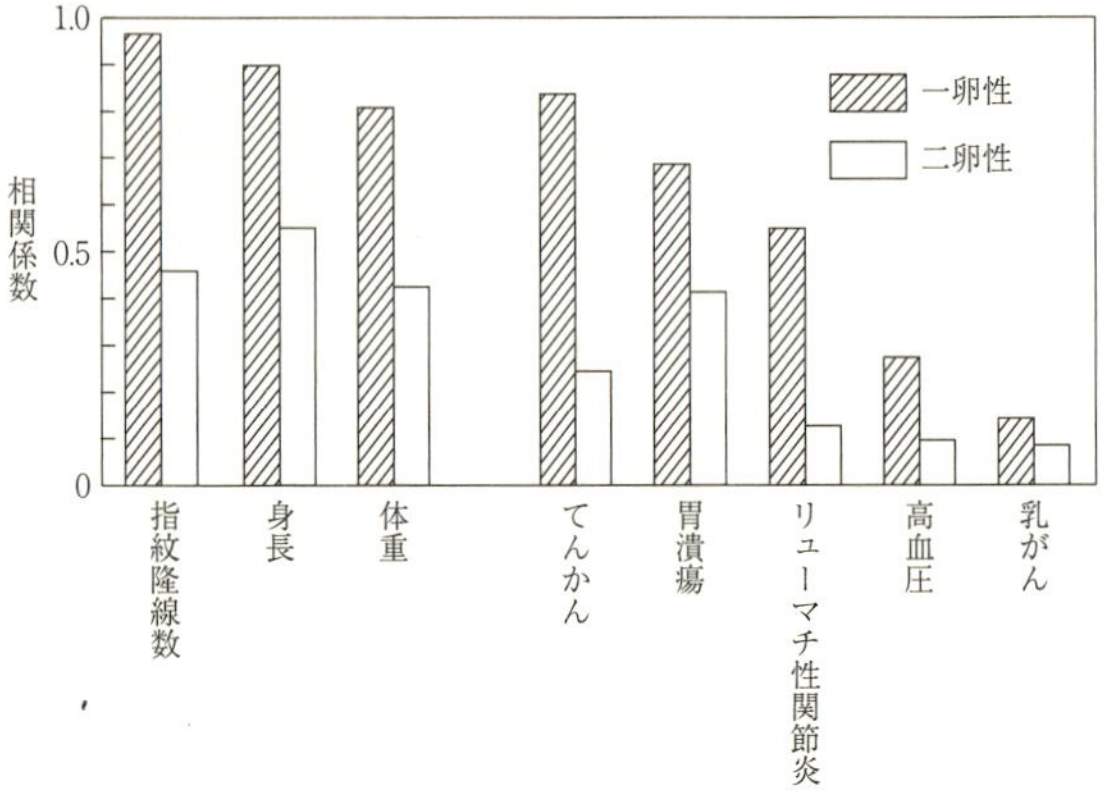

も明らかにしてきた。それが、「こころの遺伝」だ。

「こころの遺伝」の明暗

すでに述べたように、行動遺伝学は一貫して、知能や性格、精神疾患などの「こころ」に遺伝が強く影響することを示してきた。一卵性と二卵性の双生児の比較では、その影響は身体的な病気と同じか、それよりも大きく、自閉症や情緒障害といった発達障害は身長や体重よりも遺伝の影響が大きい（図11－2）。

もちろん、「こころ」のすべてが遺伝するわけではない。たとえば「宗教性」には一卵性と二卵性のちがいがほとんど

【図11－2】：心理面における双生児の類似性

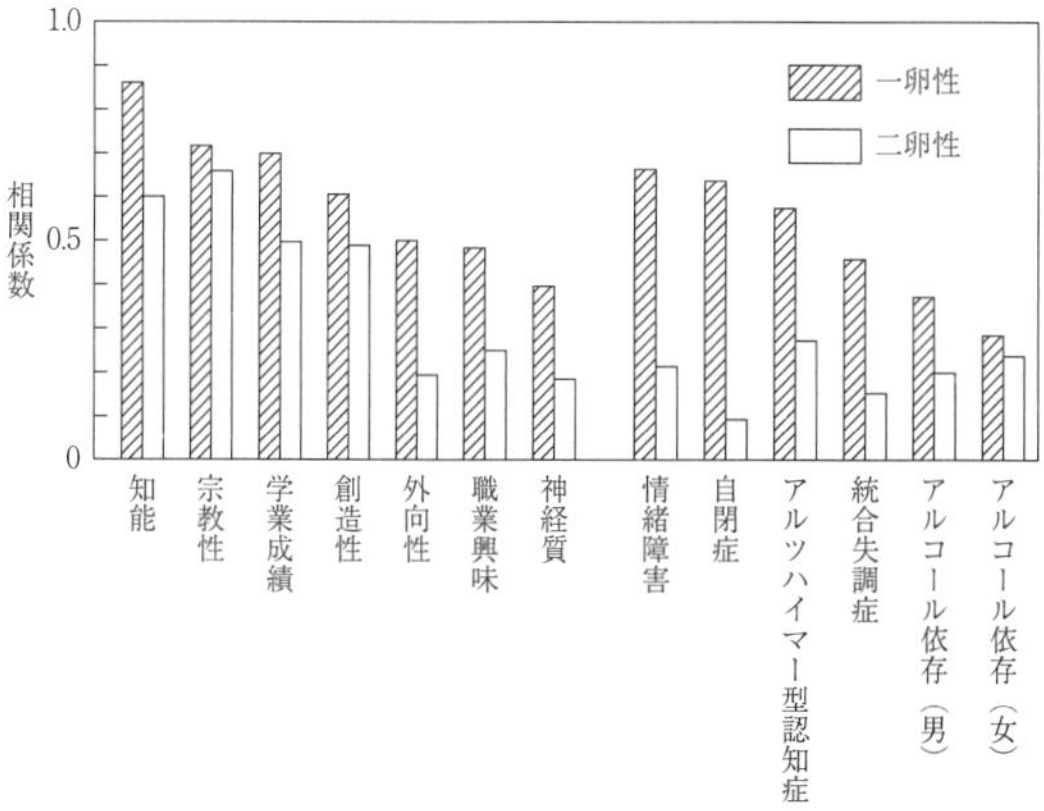

（安藤寿康『心はどのように遺伝するか』をもとに２つの図を作成）

なく、どの宗教を信じるか（あるいは信じないか）は遺伝ではなく共有環境で決まることを示している――親が熱心なキリスト教徒なら子どももクリスチャンになり、（成人後は別として）友だちの影響でムスリムになることはない。同様に言語も環境の影響が大きいが、これは子どもが親の話す言葉を真似るからだ。

子育てによって、親は子どもに自分たちの言葉や宗教を教えることができる。これは間違いないが、私たちはこの「成功体験」を拡張し、しつけや子育てで算数を好きにさせたり、内気な性格を外向的にできると考えている。

だが双生児のデータは、こうした子育

ての効果について一貫して奇妙としかいいようのない結果を示している。宗教や言葉などを除き、どれほど調べても知能や性格に共有環境の影響がほとんど見られないのだ。日本だけでなく世界じゅうで、「同じ子どもは2人いらない」という理由で一卵性双生児のどちらか（あるいは両方）が養子に出される習慣がある。この場合、同一の遺伝子を共有する子どもが完全に異なる環境で育つことになる。

行動遺伝学者は、これが巧まざる自然実験であることに気がついた。一卵性双生児がそっくりだとしても、それだけでは、似ている理由が遺伝なのか、同じ家庭で同じように育てられたためかはわからない。だが一方が養子に出されたのなら、環境を共有していないのだから、類似性はすべて遺伝によるものだ。

では、実際にはどうなのだろうか。

外向性や調和性、神経症傾向などさまざまな一卵性双生児のパーソナリティの特徴を、一緒に育てられた場合と、べつべつに育てられた場合で比較した研究がある。それによると、同じ家庭で育った（環境を共有する）双生児の相関の平均は0・49で、異なる家庭で育った（環境を共有しない）双生児の平均は0・5だった。[76] 家庭環境が性格に影響するなら同じ家庭で育った双生児のほうがよく似ていなければならない。だがこの差は統計的に意味がなく、育った家庭にかかわらず一卵性双生児の性格は同じくらいよく似ているのだ。

性格の相関係数が0・5ということは、「氏が半分、育ちが半分」という諺の正しさを証明しているように見える。だが、一卵性双生児が家庭環境にかかわらず同じように似ているとなると話は変わってくる。〝氏（遺伝）〟が半分なのは間違いないとして、（家庭環境＝共有環境の影響がないのだから）残りの半分を決める〝育ち〟は非共有環境なのだ。

より具体的に、共有環境と非共有環境の影響を見てみよう。

たとえば、論理的推論能力や一般知能（ＩＱ）において共有環境の寄与度はゼロだ。音楽、美術、数学、スポーツ、知識などの才能でも、やはり共有環境の寄与度はゼロ。家庭環境が子どもの認知能力に影響を与えるのは、子どもが親の言葉を真似る言語性知能だけだ。

こうした結果は学習だけでなく、性格でも同じだ。パーソナリティ（人格）を新奇性追求、損害回避、報酬依存、固執、自己志向、協調、自己超越に分類して遺伝と環境の影響を調べると、遺伝率は35～50％程度で、残りはすべて非共有環境で説明できる。すなわち、共有環境の寄与度はやはりゼロだ。同様に、自閉症やADHD（注意欠陥・多動性障害）などの発達障害でも共有環境の影響は計測できないほど小さい。さらには、男らしさ（男性性）や女らしさ（女性性）といった性役割にも、共有環境は何の影響も与えていない（P214図11－3）。

一卵性双生児の1人を文化や宗教、しつけの方法がまったく異なる外国に養子に出したとしよう。だが2人の知能や性格、精神疾患などの「こころ」は、同じ家庭で育った一卵性双生児と同じようによく似ている――。

この事実が示すのは、「こころ」における遺伝の影響がきわめて大きいということだが、これだけなら多くのひとは〝科学的な事実〟をしぶしぶ受け入れただろう――反論のしようがないのだから。

しかしここには、私たちの社会がどうしても認めることのできない「残酷すぎる真実」が隠されている。それは、子どもの人格や能力・才能の形成に子育てはほとんど関係ない、ということだ――だからこそ、別々に育っても一卵性双生児は瓜二つなのだし、双生児研究において共有環境の寄与度がほとんど見出せないのだ。

図11－3は、これまでのさまざまな双生児研究に基づいて認知能力や性格、才能など

の「こころ」と遺伝の関係をまとめたものだ。

遺伝の影響はあらゆるところに及んでいるが、その遺伝率は音楽的才能の92％から言語性知能の14％までさまざまだ。だがそれ以上に驚かされるのは、ほとんどの項目で共有環境の影響がゼロ（測定不能）とされていることだ。

家庭が子どもの性格や社会的態度、性役割に与える影響は皆無《かいむ》で、認知能力や才能ではかろうじて言語（親の母語）を教えることができるだけ。それ以外に親の影響が見られるのはアルコール依存症と喫煙のみだ。

学習能力はもちろんとして、「男らしく（女らしく）しなさい」というしつけの基本ですら、親は子どもの人格形成になんの影響も与えられないというのは、ものすごく理不尽な話にちがいない。だが子育ての経験があるひとならば、どこかで納得しているのではないだろうか。なぜなら、子どもは親の思いどおりにはぜんぜん育たないのだから。

行動遺伝学の膨大なデータは、次のように告げている。

わたしは、遺伝と非共有環境によって「わたし」になる。

【図11－3】：こころと遺伝・環境の関係

(%)

		遺伝率	共有環境	非共有環境
認知能力	学業成績	55	17	29
	論理的推論能力	68	-	31
	言語性知能	14	58	28
	空間性知能	70	-	29
	一般知能	77	-	23
性格	神経症傾向	46	-	54
	外向性	46	-	54
	開放性	52	-	48
	調和性	36	-	64
	誠実性	52	-	48
	新奇性追求	34	-	66
	損害回避	41	-	59
	報酬依存	44	-	56
	固執	37	-	63
	自己志向	49	-	51
	協調	47	-	53
	自己超越	41	-	59
才能	音程	80	-	20
	音楽	92	-	8
	美術	56	-	44
	執筆	83	-	17
	外国語	50	23	27
	チェス	48	-	52
	数学	87	-	13
	スポーツ	85	-	15
	記憶	56	-	44
	知識	62	-	38

社会的態度	自尊感情	31	-	69
	一般的信頼	36	-	64
	権威主義的伝統主義	33	-	67
性役割	男性性（男性）	40	-	60
	女性性（男性）	39	-	61
	男性性（女性）	47	-	53
	女性性（女性）	46	-	54
発達障害	自閉症（親評定・男児）	82	-	18
	自閉症（親評定・女児）	87	-	13
	ADHD	80	-	20
物質依存	アルコール中毒	54	14	33
	喫煙（男性）	58	24	18
	喫煙（女性）	54	25	21

（安藤寿康『遺伝マインド』の一部を抜粋し、作成）

子どもが親に似ているのは遺伝子を共有しているからだ。子どもの個性や能力は、子育て（家庭環境）ではなく、子どもの遺伝子と非共有環境の相互作用によってつくられていく。そしてこの過程に、親はほとんど影響を与えることができない。

親は子どもをクリスチャン、ムスリム、仏教徒にすることはできるかもしれないが、親が望むような性格にしたり、有用と考える能力を持つように育てることはできない。なぜなら子どもの成長に、共有環境＝子育てはほとんど関係ないのだから。

では、子どもの人格形成に決定的な影響を与える「非共有環境」とはいったいなんだろうか？　次章ではそれについて考えてみよう。

12 親子の語られざる真実

「氏が半分、育ちが半分」の真偽

ジュディス・リッチ・ハリスは在野《ざいや》の心理学者だ。「在野」なのはハーヴァード大学で心理学の修士号まで取得したものの博士課程で落とされ、研究者の道を絶たれたからだ。

そのうえ彼女は39歳のときに自己免疫疾患の難病を発症し、それ以来ずっと闘病生活を続けてきた。ほとんどは自宅で過ごし、月に何回か近所の図書館まで歩くのがやっとだという。

だがハリスは、研究の夢を諦《あきら》められなかった。病気のため心理学の実験を行なうことも、学会に出席することもできなかったが、彼女には、当時、誕生したばかりのインターネットがあった。

自宅でさまざまな学術論文に目を通し、研究者たちにEメールで質問する。そんな自己流の「研究」をつづけていたハリスが興味を持ったのが、「非共有環境」の謎だった。

ここで、行動遺伝学の用語をもういちど確認しておこう。

知能や性格、行動など「わたし」をかたちづくる要因には「遺伝」と「環境」がある。遺伝率は双生児の研究などによって統計的に推計可能で、それによって説明できない部分が「環境」だ。

兄弟姉妹にも、似ているところと似ていないところがある。これは、環境のなかにお互いを近づけるものと遠ざけるものがあるからだ。これを「共有環境」「非共有環境」と呼ぶ。

兄弟姉妹で言葉づかいが似ているのは、遺伝の影響に加えて同じ家庭で育ったからだ。これが共有環境の影響で、一般には子育てのことをいう。

だが同じ家庭で育った一卵性双生児でも、見分けがつかないくらいそっくりになることはない。どんな子どもでもすべての環境を共有するわけではないからだ。

一卵性双生児でこの関係を示すと、次のようになる。

わたし＝遺伝○＋共有環境○＋非共有環境×

ここで、○はお互いを近づけるちから、×は遠ざけるちからだ。人格形成においてこれ以外の要素がないという意味で、「遺伝」「共有環境」「非共有環境」の3つが「わたし」をつくっている（これは定義の問題で、「わたし」から「遺伝」を引いたものが「環境」、「環境」から「共有環境」を引いたものが「非共有環境」だ）。

双生児研究によれば性格の遺伝率は35～50％で、「氏が半分、育ちが半分」という諺の正しさを示しているように思える。一卵性双生児は遺伝子が同じで、同じ家庭で育てられた（遺伝と環境を共有している）のだから、とてもよく似ているのだ。

これはわかりやすい理屈だが、しかし、双生児の研究が進むと大きな壁に突き当たった。前章で述べたように、生まれてすぐに文化や宗教、しつけの方法がまったく異なる外国に養子に出された一卵性双生児も、同じ家庭で育ったのと同様にとてもよく似ているのだ。

遺伝率50％とは、残りの半分は環境で決まるということだ。彼らは家庭環境を共有していないのだから、彼らがよく似ているのは「家庭以外の環境」の影響だと考えるほかはない。

これはいったいどういうことだろう——これがハリスの問いだった。[77]

言語・宗教・味覚にまつわる遺伝の真相

ハリスが不思議に思ったのは、移民の子どもたちが流暢に英語を話すことだった。これは実は、行動遺伝学の知見から見ても奇妙なことだ。子どもは親から母語を学ぶ。そのため言語性知能の遺伝率は他の知能と比べて際立って低く（14％）、共有環境の影響が58％ときわめて高い（論理的推論能力など他の知能には共有環境の影響は見られない）。

それにもかかわらず移民1世の子どもたちは、ごく自然に英語を話すようになり、母語での読み書きを忘れ、親との会話にも英語を使うようになる。——これはアメリカだけの現象ではない。在日韓国・朝鮮人の家庭を何度か訪れたことがあるが、子どもが日本の学校に通っていた場合、親が母語で話しかけても子どもは日本語で応対していた。学校では英語（日本語）で授業が行なわれるのだから、こんなことは当たり前だと思うかもしれない。だが移民の子どもたちは、就学前から現地の言葉を話すようになる。

ほんとうに教育の影響だけなのだろうか。

言語とともにハリスが注目したのは宗教だ。

アメリカはキリスト教の国で、ピューリタン（プロテスタント）の移民の子孫である白人だけでなく、黒人やヒスパニックもほとんどがクリスチャンだ。それにもかかわらず、イスラーム圏からの移民の子どもたちはムスリムになり、キリスト教への改宗はほとんどない。これは、親の宗教を子どもがそのまま受け継ぐからだ。

ハリスは指摘していないが、同じことは味覚にもいえる。

以前、ハワイ在住の友人にホノルル郊外の本格的な日本料理店（料理人はすべて日本人）に連れて行ってもらったことがあるが、その店は観光客が集まるワイキキからは離れた住宅街の中にあった。たまに日本の駐在員などがやってくるが、客のほとんどは日系アメリカ人の2世、3世、4世だという。彼らは日本語をひと言も話せず、考え方も行動も完全なアメリカ人だが、それでも「母親の味」を求めて日本料理店にやってくるのだ。

移民の子どもたちはたちまち英語を習得して母語を忘れてしまうが、宗教（や味覚）は親の影響を強く受けている。このちがいはいったいどこにあるのだろうか。

現代の進化論では、私たちのこころ（意識や行動）は進化適応環境（Environment of Evolutionary Adaptedness／ＥＥＡ）に最適化されていると考える。これは遺伝的な変異がきわめてゆっくりとしか起こらないためで、現代人の遺伝子は旧石器時代の人類とほとんど変わらない。そう考えれば、私たちは遺伝的に、２００万年以上つづいた旧石器時代の環境に最適化されているはずだ。

子育ての大切さが強調されるようになったのは、核家族化が進み、教育が将来の成功を左右するようになった近代以降だ。それ以前の子どもたちは大家族で育ち、親は教育のことなど気にかけていなかった。

ハリスは子育て神話を、「科学的根拠のないイデオロギー」として退ける。赤ちゃんは、旧石器時代の進化適応環境を生き延びるための戦略プログラムを持って生まれてくる。両親と子どもだけの核家族で育ち、幼稚園・保育園で幼児教育を受け、小中高校から大学まで勉強しつづけるようつくられているわけではないのだ。

ヒトが他の哺乳類と大きく異なるのは、無力な乳児期がきわめて長いことだ。生後すくなくとも1年間は、母親が集中的に養育し、授乳しないと死んでしまう。そうなると母親は、次の子どもを得るまでにまた10カ月の妊娠期間を必要とする。

母親は出産までに大きなコストを支払っている（投資をしている）から、生まれた子どもをできるだけ大切に育てようとする。進化論的にいえば、これが母親が子どもに強い愛情を抱く理由だ。

しかしその一方で、その子どもには兄や姉がおり、授乳期間が終わればまた妊娠できるから、兄弟姉妹の1人にだけ手間をかけるわけにはいかない。母親の進化論的な最適戦略は、できるだけ多く子どもを産み、成人させていくことだ。旧石器時代は（というより近代以前は）乳幼児の死亡率がきわめて高かったから、1人か2人の子どもにすべての子育て資源を投入する核家族型の戦略はあり得なかった。日本でも戦前までは、兄弟姉妹が10人ちかくいるのが珍しくなかったのだ。

進化適応環境では、母親は新しく生まれた赤ちゃんに手がかかるから、授乳を終えた子どもを以前と同じように世話することができない。旧石器時代の生活環境がどの程度厳しいものだったかは諸説あるが、集落の近辺で木の実などの採集をするのも女性の仕事だったから、子育てに割ける時間は限られていただろう。こうした条件を考慮すれば、授乳期を終えた子どもは、親の世話がなくても生きていけるようあらかじめプログラムされているはずだと、ハリスは考えた。

もちろん、2歳や3歳の子どもが自分一人で生きていけるはずはない。親が新しく生まれた弟妹の世話をしなければならないのなら、誰かがそれを補わなければならない。旧石器時代のひとびとは部族（拡大家族）の集落で暮らしており、それができるのは兄姉か、年上のいとこたちしかいない。

女の子が人形遊びを好むのは世界のどこでも同じだ。これはフェミニズムの文脈で、男性中心主義的な文化の強制によるものと説明されてきたが、ハリスは、人形は赤ちゃんの代替で、女の子は幼い弟妹の世話を楽しいと感じるのだと考えた（男の子も、人形遊びはしないが、弟や妹をかわいがるのは同じだ）。

これに対応するプログラムは、世話をされる側にも組み込まれている。幼い子どもは親以外の大人を怖がるものの、年上の子どもにはすぐになつく。彼らが親に代わって自分の世話をしてくれる（そういうプログラムを持っている）ことを知っているのだ。

進化適応環境においては、授乳期を終えた子どもは集落の一角で、兄姉やいとこたちといっしょに長い時間を過ごしていたはずだ。こうした状況を現代の移民の子どもたちに置き換えてみれば、なぜ彼らが母語を忘れてしまうかを明快に説明できる。

両親は、母語を話そうが話すまいが、食事や寝る場所など最低限の生活環境を提供してくれる。子どもにとって死活的に重要なのは、親との会話ではなく、(自分の面倒を見てくれるはずの)年上の子どもたちとのコミュニケーションだ。

ほとんどの場合、両親の言葉と子どもたちの言葉は同一だから問題は起きないが、移民のような特殊な環境では家庭の内と外で言葉が異なるという事態が生じる。そのとき移民の子どもは、なんの躊躇もなく、生き延びるために、親の言葉を捨てて子ども集団の言葉を選択するのだ。

子どもはなぜ親のいうことをきかないのか

ジュディス・リッチ・ハリスは発達心理学の膨大な文献を読み込むとともに、養子を含む自らの子育て経験も合わせ、子どもにとって「世界」とは友だち関係のことだと考えた。

年齢や性別、人種などの異なる幼児をひとつの部屋に集めると、彼らはすぐに仲良くなって遊びはじめる。だが子どもの人数を増やしていくと、そこに自然とグループができていく。それはおおよそ、次のルールに則《のっと》っている。

① 年齢

幼児は自分よりすこし年上の子どもになつき、年の離れた子どもには近づかない。年長の子どもも、自分たちよりすこし年下の子どもは仲間に加えるが、それより下の子どもは無視する。これは年齢によって遊び方が異なるため、年が離れていると面白くないからだ。

② 性別

思春期になれば恋愛感情や性の欲望が芽生え、男女の関係は複雑化するが、それ以前は男の子と女の子のグループに分かれ、お互いのことには興味を持たないのがふつうだ。これは性別で好き嫌いや興味が異なるためで、男女で同じ遊びをしてもつまらないのだ。

③ 人種

アメリカのような多民族社会では、子どもの数が増えると、人種別にグループができる（そのためどの保育園・幼稚園でも、大人が介入して人種混交のグループをつくらなければならない）。これは人種差別のイデオロギーによるものではなく、子どもが「自分と似た子どもに引き寄せられる」からだ――このような性向が埋め込まれた理由は、自分に似ているる子どもが兄や姉、血縁の近いいとこである可能性が高いことを考えれば明らかだろう。子どもたちは、自分に似た子どもを優先的に世話しようとするのだ。

進化適応環境では、子どもたちは男女に分かれて年齢のちかいグループをつくり、年上の子どもが年下の子どもの面倒をみることで親の肩代わりをする。思春期を迎えるまでは、この「友だちの世界」が子どもにとってのすべてだ。

このように考えれば、子どもの成長にあたって子育て（家庭）の影響がほとんど見られない理由がわかる。「友だちの世界」で生きるために親の言葉すら忘れてしまうなら、それ以外の家庭での習慣をすべて捨て去ってもなんの不思議もない。

こうしてハリスは、「子どもが親に似ているのは遺伝によるもので、子育てによって子どもに影響を及ぼすことはできない」と主張した。「子育てに意味はないのか」と全米で大論争を巻き起こしたのも当然だ。

ヒトは社会的な生き物で、群れから排除されてしまえば生きていく術がない。古今東西、どんな社会でも「村八分」は死罪や流刑に次ぐ重罰とされた。これは子どもも同じで、「友だちの世界」から追放されることを極端に恐れる。

勉強だけでなく、遊びでもファッションでも、子ども集団のルールが家庭でのしつけと衝突した場合、子どもが親のいうことをきくことはぜったいにない。どんな親もこのことは苦い経験として知っているだろうが、ハリスによってはじめてその理由が明らかになった。子どもが親に反抗するのは、そうしなければ仲間はずれにされ、「死んで」しまうからなのだ。

親よりも「友だちの世界」のルールを優先することが子どもの本性だとすれば、「子どもはなぜ親のいうことをきかないのか」という疑問にはなんの意味もない。逆に不思議なのは、宗教や味覚のように「親のいうことをきく」ものが残っていることだ。

これについてハリスは、「親が影響力を行使できる分野は、友だち関係のなかで興味の対象外になっているものだけだ」と考えた。特殊な場合を除いて、子どもたちは友だちの親の宗教に関心を持たない。同様に、豚肉やニンジンを食べないとしても、それだけで仲間はずれにされることもない。グループの「掟」は、食べ物の好き嫌いとは無関係なのだ。

どのような友だちグループにも、内（俺たち）と外（奴ら）の境界がある。女の子ならおしゃれやファッション、男の子ならゲームやスポーツ（あるいは喧嘩や非行）についての暗黙の掟によって、仲間か仲間でないかが決められていく。

子どもは友だち集団のなかで、グループの掟に従いつつ、役割（キャラクター）を決めて自分を目立たせるという複雑なゲームをしている。子どものパーソナリティ（人格）は、遺伝的な要素を土台として、友だち関係のなかでつくられていくのだ。

このように考えてはじめて、別々に育てられた一卵性双生児がなぜよく似ているのか、その理由がわかる。

子どもは、自分と似た子どもに引き寄せられる。一卵性双生児は同一の遺伝子を持っているのだから、別々の家庭で育ったとしても、同じような友だち関係をつくり、同じような役割を選択する可能性が高いだろう。遺伝と友だち関係が同じなら、その相互作用によって瓜二つのパーソナリティができあがったとしてもなんの不思議もない。

ハリスの集団社会化論は発達心理学に大きな衝撃を与えたが、〝主流派〟のなかにはいまだに子育ての重要さを説くひとたちも多い。

それはすべての親が、（自分の努力は報われるという）「子育て神話」を求めているからでもある。

だがハリスが発見した〝子どもの本性〟だけが、「別々の家庭で育った一卵性双生児は、なぜ同じ家庭で育ったのと同様によく似ているのか」という疑問に明快にこたえることができる。

1998年、ハリスは満を持して『子育ての大誤解』を上梓した。この本を書くようにハリスを後押ししたのは著名な進化心理学者・言語学者のスティーブン・ピンカーで、彼の推薦もあって同書は書評などで大きく取り上げられ、高い評価を得た。

その後ハリスはアメリカ心理学会賞を授与され、研究者としての「名誉」を回復することになる。その賞は、かつてハリスを〝研究者失格〟と見なしたハーヴァード大学心理学部長ジョージ・ミラーの名を冠《かん》したものだった。

13 「遺伝子と環境」が引き起こす残酷な真実

前章では、アメリカの在野の心理学者ジュディス・リッチ・ハリスの集団社会化論を紹介した。ハリスは、子どものパーソナリティ（人格）は遺伝的な適性と友だち関係との相互作用のなかでつくられる、と考えた。

子どもはみんな、友だちグループのなかで目立てるように、自分が得意なことをやろうとする。それはスポーツだったり、歌や踊りだったり、勉強だったりするかもしれないが、そうした才能は遺伝の影響を強く受けている。

ここで誤解のないようにいっておくと、これは遺伝決定論ではない。ハリスは、子どもの成長には「友だち」が決定的な影響を与えると繰り返し強調しているのだから。

複雑系では、わずかな初期値のちがいが結果に大きく影響する。「ブラジルで蝶が羽ばたくとテキサスで竜巻が起こる」のがバタフライ効果だが、人格形成期の遺伝と環境の関係もそのひとつだ。

スポーツが得意でも、友だちグループのなかに自分よりずっと野球の上手い子がいれば、別の競技（サッカーやテニス）が好きになるだろう。たいして歌が上手くなくても、友だちにいつもほめられていれば、歌手を目指すようになるかもしれない。

最初はわずかな遺伝的適性の差しかないとしても、友だち関係のなかでそのちがいが増幅され、ちょっとした偶然で子どもの人生の経路は大きく分かれていくのだ。[78]

同じ遺伝子でもちがう性格になるケース

小さな子どものいる親は、「子育ては子どもの人格形成にほとんど影響を与えない」というハリスの集団社会化論を受け入れ難いかもしれない。だが自分の子ども時代を振り返れば、親の説教より友だちとの約束のほうがずっと大事だったことを思い出すのではないだろうか。

このことをわかりやすく示すために、ハリスは乳児期に離れ離れになった一卵性双生児の姉妹を例に挙げる。

2人の遺伝子はまったく同じだが、成年になったとき、1人はプロのピアニストになり、もう1人は音符すら読めなかった。養母の1人は家でピアノ教室を開いている音楽教師で、もう一方の親は音楽とはまったく縁がなかった。

当たり前の話だと思うだろう。

ところが、子どもをピアニストに育てたのは音楽のことなどなにも知らない親で、音符すら読めないのはピアノ教師の娘だった。

2人は一卵性双生児で、1人がプロのピアニストになったのだから、どちらもきわめて高い音楽的才能を親から受け継いでいたことは間違いない。家庭環境や子育てが子どもの将来を決めるのなら、なぜこんな奇妙なことが起きるのだろう。

ハリスによれば、子どもは自分のキャラ（役割）を子ども集団のなかで選択する。音楽とはまったく縁のない環境で育った子どもは、なにかのきっかけ（幼稚園にあったオルガンをたまたま弾いたとか）で自分に他人とちがう才能があることに気づく。彼女が子ども集団のなかで自分を目立たせようと思えば、（無意識のうちに）その利点を最大限に活かそうとするだろう。音楽によって彼女はみんなから注目され、その報酬によってますます音楽が好きになる。

それに対して音楽教師の娘は、まわりにいるのは音楽関係者の子どもたちばかりだから、すこしくらいピアノがうまくても誰も驚いてくれない。メイクやファッションのほうがずっと目立てるのなら、音楽に興味をもつ理由などどこにもないのだ。

ハリスの集団社会化論では、子どもは友だちとの関係のなかで自分の性格（キャラ）を決めていく。どんな集団でも必ずリーダーや道化役がいるが、2人のリーダー（道化）が共存することはない。キャラがかぶれば、どちらかが譲るしかない。このようにして、まったく同じ遺伝子を持っていても、集団内でのキャラが異なればちがう性格が生まれ、異なる人生を歩むことになるのだ。

「選抜された22人の少年たち」の実験

1954年にオクラホマ大学の研究チームが、ボーイスカウトキャンプで子どもたちの集団関係についての社会実験を行なった。なぜ半世紀以上も前の話を持ち出すかというと、それ以降、同様の社会実験がいちども行なわれていないからだ。——その理由はあまりに危険すぎることと、わざわざ再実験をする必要がないほど結果が明瞭なためだ。

この実験の被験者は、できるだけ等質になるように意図的に選抜された11歳の白人の少年たち22名だった。彼らはみなプロテスタントの家庭で育ち、IQも学業成績も平均かそれより上で、眼鏡をかける者や太っている者、問題を起こしたことのある者はいなかった。全員が地元出身でオクラホマ訛《なま》りがあったが、実験以前に面識がないよう異なる学校から選ばれていた。

実験では、この少年たちが2グループに分かれて3週間のサマーキャンプに参加した。それは、「指導員」たちがじつは研究者で、少年たちの言動を内密に観察・調査していたことを除けば、ごくふつうのキャンプだった。

「ラトラーズ」と「イーグルズ」（少年たちが自分たちで名づけた）の2つのグループは、別のバスで到着し、別のキャビンに宿泊したため、最初はお互いの存在を知らなかった。当初の計画では、最初の1週間で集団内行動を調査し、2週目で集団間競争に移行する予定だった。

だが彼らが集団内の人間関係を気にしたのは、最初の数日だけだった。自分たちと同年齢の集団が遊んでいる声をたまたま耳にした瞬間、彼らは「あいつらを打ち負かす」ことに夢中になって、直接対決をしきりに望むようになったのだ。

そしていよいよ、野球大会で両チームがはじめて顔を合わせたとき、ラトラーズは試合開始前に自分たちの旗を野球場に掲げ、野球場全体が「われわれのもの」であることを宣言した。試合はイーグルズの敗戦に終わったが、彼らはラトラーズの旗を引きずり降ろして燃やしてしまい、指導員は乱闘になるのを必死に止めなくてはならなかった。

綱引きでは逆にイーグルズが勝ったが、その夜、ラトラーズは相手のキャビンを襲撃し、ベッドをひっくり返し、蚊帳を破り、盗んだ1本のジーンズを彼らの新しい旗にした。これに対するイーグルズの反撃はさらにヒートアップし、棍棒や野球のバットを持ってラトラーズのキャビンを昼間に襲撃し（その時間はキャビンには誰もいないはずだったので、「武器」は万が一のためのものだ）、自分たちのキャビンに戻ると、さらなる襲撃に備えて、靴下に石を詰めたり、投げつけるための小石をバケツいっぱい集めた。

この実験で興味深いのは、彼らが無意識のうちに、自分たちを敵対する集団と正反対のキャラクターにしようとしたことだ。

2回目の野球大会でイーグルズが勝利を収めたとき、彼らは帰り道で、今回はなぜ勝てたのかを話し合った。1人が、「試合前に神に祈りを捧げたからだ」といった（1950年代のオクラホマらしい）。それを受けてもう1人が、「ラトラーズが負けたのは試合中、口汚い野次を連発していたからだ」と叫んだ。こうしてイーグルズでは、汚い言葉が禁止された。

22人の少年たちは、誰もが同じような保守的なキリスト教徒の家庭で育った。その彼らが、2週間もたたないうちに、「罵声のグループ」と「祈りのグループ」にきれいに分かれてしまったのだ。

キャンプ中は、誰もが自分たちの集団の掟に従った。2つのチームが敵対していると き、集団内の結束は固く、いじめのような出来事は皆無だった。

この「実験結果」に余分な解説は不要だろう。

ヒトは社会的な動物で、集団から排除されれば一人では生きていけないのだから、アイデンティティというのは集団(共同体)への帰属意識のことだ。〝わたし〟は「奴ら」に対する「俺たち」の一部で、「敵」を生み出すのはひとがひとであるための条件ともいえる。

ヒトのオスが遠い祖先から受け継いだ遺伝的プログラムは、世界を内(俺たち)と外(奴ら)に分け、仲間同士の結束を高め、奴らを殺してなわばりを奪うことなのだ。

黒人少年が生き延びるたったひとつの方法

ハリスの集団社会化論によれば、家庭環境よりも子どもの人生に大きな影響を与えるのは学校だ。日本のような均質化した学校制度ではあまり目立たないが、アメリカでは人種のちがいによって、生徒たちの行動や成績に大きな差が生じる。

ひとは無意識のうちに人種別のグループをつくる。これが人種差別の原因になるのだが、ひとは自分に似たひとに引き寄せられるという特徴（人間の本性）を持っているのだから、どうしようもないことでもある。

ここで問題なのは、無意識のうちに集団を人格化し、敵対するグループとはまったく異なる性格（キャラ）を持たせようとすることだ。

ボーイスカウトキャンプの実験では、白人中流階級という同じ社会階層の子どもたちが、たまたま2つの集団に分かれただけでたちまち正反対のキャラをつくりあげた。これが白人と黒人になると、より強力な分離圧力が加えられることは容易に想像できる。

黒人の子ども集団には厳然としたルールがある。ひとつは、白人の子どもとつき合ってはならないこと、もうひとつは、白人の子どもがするようなことをやってはならないことだ。黒人の子ども集団が禁じるのは白人の子ども集団が高い価値を置くことすべてで、その象徴が「勉強してよい成績をとること」だ。

白人と黒人がともに通う学校で生徒たちの意識調査をすると、白人の子どもは「黒人は勉強のことなどどうでもいいと思っている」とこたえ、黒人の子どもは「白人はガリ勉野郎で俺たちはちがう」と考えている。この集団イメージの差が、知的能力の高い黒人の子どもを拘束するのだ。

このことを劇的に示したのは、ニューヨークのなかでも治安の悪いサウスブロンクスに住む16歳の黒人高校生ラリー・アンツのケースだ。

ラリーはバスケットボールのチームに入りたかったが、成績不振で入部が許されず、高校を中退することになる。友人のうち3人は麻薬がらみの殺人事件に巻き込まれ、生命を失っていた。典型的な転落コースだが、ラリーは幸運なことに、スラム街の子どもを遠く離れた土地に転居させるプログラムに選ばれた。

ラリーが転校したのはニューメキシコ州の小さな町の、中流階級の白人家庭の子どもたちしかいない高校だった。2年後、ラリーは高校のバスケットボールチームのエースになり、成績もAとBばかりで大学進学を目指していた。ニューヨークからやってきたバスケットボールが好きなごくふつうの黒人の若者は、白人しかいない田舎の高校でたちまち「俺たちのチーム」のヒーローになり、友だち集団の特等席に自分の居場所を確保したのだ（ラリーが人種差別の対象にならなかったのは、プロ野球やサッカーのJリーグで外国人の〝助っ人〟が人気者になるのと同じだろう）。

ラリーがサウスブロンクスの古巣を訪れたとき、かつての友人たちはその服装に驚き、話し方がおかしいと笑った。ラリーはブレザーの前ボタンをきちんと留め、中西部訛りでしゃべったのだ——なぜなら、新しい友だち集団のなかで生き延びるには、中流階級の白人の子どもたちと同じように振る舞う以外に選択肢はなかったのだから。

子どもが友だち集団のなかで自己形成していくのなら、ラリーのように、環境を変えることで性格や行動に劇的な変化が生じても不思議はない。ではなぜ、こうしたプログラムを大規模に実施しないのだろうか。

その理由はもうおわかりだろう。ラリーが「変わった」のは、その高校でたった一人の黒人だったからだ。

もしも複数の黒人生徒がスラム街から転校してくれれば、彼らはたちまちグループをつくって白人の生徒たちと敵対しようとするだろう。そのときに彼らが選ぶキャラは、中流階級の白人文化とまったく異なるもの、すなわち〝ギャングスター〟なのだ。

英才教育のムダと「バカでかわいい女」

ハリスは英才教育についても興味深いケースを挙げている。

19世紀末は、どのような子どもでも正しい訓練によって天才に育てることができると信じられていた。ウィリアム・ジェイムズ・サディスの両親は、自分たちの子どもが早熟であることに気づいて、一生を彼の教育に捧げることにした。

英才教育の効果は目覚しく、ウィリアムは18カ月で文章を読むようになり、6歳で数カ国語を操り、小学校に入学すると6カ月間で公立学校の7学年次まで修了した。その後は家庭で勉強をつづけ、11歳でハーヴァード大学に入学し、その数カ月後にはハーヴァード数学クラブで「四次元物体」と題した講演を行なって聴衆を驚かせた。

まさに神童そのものだが、そこからウィリアムの人生は暗転する。16歳でハーヴァードの学士号を取得し、大学院に1年在籍したあとロースクールに進んだが、けっきょく学位は取得していない。

大人になるとウィリアムは親に背を向けるようになり、父親の葬儀にも姿を見せなかった。学問の世界とも訣別し、頭を使わない安月給の事務仕事を転々として、46歳で心臓発作で死んだ。独身で、無一文で、完全な不適応状態に陥っていたという。

ウィリアムの趣味は路面電車の乗り継ぎ切符の収集で、それについての本を書いたことが唯一の〝業績〟だった。ある読者はそれを、「まさに本の歴史のなかでもっともまらない本」と評した。

ハリスはこのケースについて、「ウィリアムのおかれた状況は、母親には育てられたが仲間とのつきあいがないままに成長したサルの状況と似ている」と述べている。仲間が不在のまま育ったサルは、明らかに異常行動が目立った。同様に英才教育を受けた神童も、幼少期に友だち関係から切り離されたことで自己をうまく形成することができず、大人になると社会に適応できなくなり、せっかくの高い知能を活かすことなく凡庸な人生を終えてしまうのだ。

それでは、親が子どもに対してしてやれることはなんだろう？　それに対するハリスのこたえはきわめてシンプルだ。

「親は無力だ」というのは間違いだ。なぜなら、親が与える環境（友だち関係）が子どもの人生に決定的な影響を及ぼすのだから。

白人と黒人の生徒が混在する学校に通う黒人の子どもは、「勉強するような奴は仲間じゃない」という強い同調圧力をかけられている。仲間はずれにされたくなければ、意図的によい点数を取らず、ギャングスターの振る舞い方を身につけなければならない。

同様に男女共学の学校に通う女子生徒は、「数学や物理ができる女はかわいくない」

という無言の圧力を加えられている。「バカでかわいい女」でなければ友だちグループに加えてもらえないなら、好きな数学の勉強もさっさと止めてしまうだろう。

このように考えれば、親のいちばんの役割は、子どもの持っている才能の芽を摘《つ》まないような環境を与えることだとハリスはいう。

知的能力を伸ばすなら、よい成績を取ることがいじめの理由にならない学校（友だち集団）を選ぶべきだ。女性の政治家や科学者に女子校出身者が多いのは、共学とちがって、学校内で「バカでかわいい女」を演じる必要がないからだ（必要なら、デートのときだけ男の子の前でその振りをすればいい）。同様に芸術的才能を伸ばしたいなら、風変わりでも笑いものにされたり、仲間はずれにされたりしない環境が必要だろう。

だが有名校に子どもを入れたとしても、そこでどのような友だち関係を選び、どのような役割を演じるかに親が介入することはできない。子どもは無意識のうちに、自分の遺伝的な特性を最大限に活かして目立とうとするだろうが、それは多分に偶然に左右されるのだ。

もちろんこれは、「子育ては無意味だ」ということではない。人生とは、もともとそういうものなのだから。

あとがき

まずは悪い話から。

脳は左右対称の臓器で、右半球と左半球があり、それを脳梁がつないでいる。右脳は感情を、左脳は言語や論理を主に司る。

きわめて特殊なケースだが、重度のてんかんの治療のため、外科手術でこの脳梁を切断することがある。これが分離脳で、右脳と左脳がそれぞれ独立に活動する。

分離脳患者は、左半分の視野で見たものがわからない。言語中枢は左脳にしかないが、左視野の情報は右脳に送られるだけで（視神経は左右に交差している）、それを脳梁を経由して左脳に転送できないのだ。両手からの入力も同じで、右手で触れたものはそれがなにかわかるが、左手で触れたものの名前をいうことができない。右脳に入力された情報はどこかに消えてしまうのだ。

だが、脳の驚くべき能力はここからだ。

分離脳患者を目隠しした状態で、テーブルの上に並べられたスプーン、鉛筆、カギなどを左手で触らせると、感触はあるものの、その情報は左脳には届かないのだから、それがなにかはわからない。次に左の視野に「スプーン」「鉛筆」「カギ」などの単語を見せると、これも同様に、患者は自分がなにを見ているか気づかない。

ところがこのふたつを同時に行ない、正しいと思う組み合わせを訊くと、手探りで正解を選ぶことができた。右脳は読めない単語と名前のわからない感触を正確に一致させ、そのうえ患者は自分がなにをしたのかまったく意識していなかったのだ。

次の実験では、分離脳患者の左視野に「笑え」と書いたボードを置いてみた。

質問の意味を理解し、言葉によって回答するのは左脳の役割だ。脳梁が切断されている患者は、右脳に入力された「笑え」という指示を認識できない。ところが、ボードの指示を見た患者は笑い出した。そこでなぜ笑ったのか訊いてみると、患者は「先生の顔が面白かったから」とこたえた。

分離脳患者は、右脳と左脳でふたつの「人格」を持っている。そして左脳は、脳のなかの見知らぬ他人(右脳)がやっていることを意識できない。
矛盾する認知に直面した状態を「認知的不協和」という。このケースでは、「笑った」という認知と、「笑う理由はない」という認知が矛盾している。これはきわめて気味の悪い出来事なので、意識は(脳のなかにふたつの人格があるという)不愉快な真実を嫌って、「先生が面白い顔をした」という快適なウソをつくりだしたのだ。[79]
このことから左脳の役割がわかる。それは自己正当化、すなわち自分に都合のいいウソをでっちあげることだ。無意識が捏造《ねつぞう》した気分のいいウソは、「意識」というスクリーンに映し出される。――意識は無意識が生み出す幻想なのだ。
もっとも効果的に相手をダマす方法は、自分もそのウソを信じることだ。カルト宗教の教祖が信者を惹きつけるのは、自らが真っ先に「洗脳」されているからだ。社会的な動物であるヒトは上手にウソをつくために知性を極端に発達させ、ついには高度な自己欺瞞の能力を身につけた。[80]
これが「現代の進化論」の標準的な説明だが、もしこれが正しいとしたら、暴力や戦争をなくすために理性や啓蒙に頼ったところでなんの意味もない。自己欺瞞は無意識のはたらきだから意識によって矯正することはできず、他人が欺瞞を指摘すればするほどかたくなになっていく。これが、教育によってIS（イスラム国）のテロリストを更生させられない理由だろう。

自己欺瞞がやっかいなのは、知性の高いひとほどこの罠《わな》から逃れられなくなることだ。なぜなら、その恵まれた能力を駆使して、現実を否定し自分をダマすより巧妙なウソを（無意識のうちに）つくりあげるから。ヒトラーやスターリン、レーニンや毛沢東など、現代史にとてつもない災厄をもたらしたのはみなきわめて「賢い」ひとたちだった。

では次によい話を。

治安の悪化が問題になっているが、刑法犯の件数が戦後最少になった（2015年）ことからもわかるように、日本社会はどんどん安全になっている。多くのひとが懐《なつ》かしむ「三丁目の夕日」の昭和30年代は人口あたりの殺人件数は現在の2〜3倍で、残虐な少年犯罪も多かった。「常識」とは逆に、近年は若者の犯罪の減少が顕著で、世代別でもっとも犯罪者が増えているのは高齢者だ。[81]

じつはこれは世界的な傾向で、治安の悪化が叫ばれる先進国はどこも犯罪が大きく減っている。ISによるテロが大問題になるのは、その残虐さももちろんだが、それ以外の危険がなくなったからでもある。

現代史を振り返れば、2度の世界大戦やロシア革命、文化大革命、ポルポトの大虐殺、旧ユーゴスラヴィア内戦などの凄惨《せいさん》な出来事がつづいた20世紀に比べて、冷戦終焉《しゅうえん》後は国家による大量殺人が大幅に減ったことは明らかだ。アフリカや中東に問題が集中するのは、それ以外の場所（アジアや中南米）で戦争や革命、暴力的クーデターが起きなくなったからでもある。

このことは、理性がまったく役に立たないわけではないことを示している。意識の本質が自己欺瞞だとしても、人類は幾多の悲惨な経験を通して、それを平和と繁栄になんとか役立ててきたのだ。

だとしたら、未来をいたずらに悲観することはない。共産主義者が夢見たようなユートピアは実現しないだろうが、そこそこゆたかでそこそこ暮らしやすい世の中ならじゅうぶん期待できるのだ。[82]

そのためにも、私たちの認知＝知性が進化のちからによってどのように偏向しているのかをちゃんと知っておく必要がある。現代の進化論が突きつける不愉快な真実は、歪んだ理性を暴走させないための安全装置なのだ。

2015年1月7日、フランスの風刺雑誌『シャルリー・エブド』の編集部がイスラム過激派の武装集団に襲撃され、編集スタッフや警官など12名が犠牲になった。この事件を受けて、日本を代表するリベラルな新聞社は、「テロは言語道断だが下品な風刺画を載せた方も問題だ」として、「ひとが嫌がるようなことをする表現の自由はない」と宣言した。

本書の企画を思いついたのは、この驚くべき主張を目にしたからだ。誰も不快にしない表現の自由なら北朝鮮にだってあるだろう。憲法に表現の自由が定められているのは、ひとが嫌がる言論を弾圧しようとした過去の反省によるものだと思っていたのだが、〝リベラル〟を自称するひとたちの考えはちがうらしい。

ちなみに私は、不愉快なものにこそ語るべき価値があると考えている。きれいごとをいうひとは、いくらでもいるのだから。

2016年3月　　橘　玲

本書のバックボーンとなっている、現代の進化論をはじめとする「知のパラダイム転換」については、近著『「読まなくてもいい本」の読書案内』（筑摩書房）で詳述しています。本書自体がこの本からのスピンオフという性格を持っているので、合わせて読んでいただければ幸いです。

行動遺伝学についての説明は、日本における第一人者である安藤寿康氏の著作に拠っています。安藤氏自らすぐれた入門書を書かれているので、これらの本もぜひ参照してください。

12章と13章のジュディス・リッチ・ハリスについての記述は『残酷な世界で生き延びるたったひとつの方法』（幻冬舎）と一部重複しています。これは、「わたしはなぜ『わたし』になったのか」という問いを考えるうえで、市井の研究者である（そのため専門家のあいだでじゅうぶん評価されているとはいえない）ハリスの集団社会化論は繰り返し紹介する意義があると考えたからです。

註釈：参考文献

1章

【1】安藤寿康『遺伝マインド』（有斐閣）①

【2】ケリー・L・ジャン『精神疾患の行動遺伝学』（有斐閣）

【3】安藤寿康『心はどのように遺伝するか』（講談社ブルーバックス）②

【4】バーバラ・オークレイ『悪の遺伝子』（イーストプレス）

【5】安藤寿康『遺伝と環境の心理学』（培風館）③

【6】エイドリアン・レイン『暴力の解剖学』（紀伊國屋書店）

【7】D・C・ロウ『犯罪の生物学』（北大路書房）

2章

【8】A・R・ジェンセン『IQの遺伝と教育』（黎明書房）

【9】Richard J. Herrnstein, Charles Murray『The Bell Curve』Free Press Paperbacks

【10】レイン、前掲書

【11】ジェンセン、前掲書

【12】グレゴリー・コクラン、ヘンリー・ハーペンディング『一万年の進化爆発』（日経BP社）

【13】斎藤成也『DNAから見た日本人』（ちくま新書）

【14】セロトニントランスポーター遺伝子についてはテリー・バーナム、ジェイ・フェラン『いじわるな遺伝子』（NHK出版）など。最新の研究成果はエレーヌ・フォックス『脳科学は人格を変えられるか？』（文藝春秋）

3章

【15】幼児教育は一時的にIQを上げるものの、その効果はやがて消失する。これは、知能に及ぼす遺伝の影響が発達とともに増加するからだ。

　染色体の塩基配列そのものは変わらないものの、どの遺伝子がいつどのように発現するかは環境によって異なる。遺伝要因が不変のものではなく、時間の経過とともに変化することをエピジェネティクス（DNAの後生的変化）という（仲野徹『エピジェネティクス』岩波新書）。知能において遺伝が後生的により大きなちからを持つようになるのもエピジェネティクスの効果と考えられる（安藤、前掲書③）。
【16】チャールズ・マレー『階級「断絶」社会アメリカ』（草思社）
【17】アメリカの「エリート主義のスノッブ」の生態は、デイビッド・ブルックス『アメリカ新上流階級 ボボズ』（光文社）に描かれている。Bobosとは「ブルジョア・ボヘミアン」のこと。カウンターカルチャーからITビジネスの成功者になったスティーブ・ジョブズが典型。
【18】ロバート・D・パットナム『孤独なボウリング』（柏書房）
【19】トクヴィル『アメリカのデモクラシー』（岩波文庫）
【20】鈴木大介『最貧困女子』（幻冬舎新書）
【21】中村淳彦『日本の風俗嬢』（新潮新書）

4章
【22】レイン、前掲書
【23】リチャード・ランガム、デイル・ピーターソン『男の凶暴性はどこからきたか』（三田出版会）
【24】マーティン・デイリー、マーゴ・ウィルソン『人が人を殺すとき』（新思索社）
【25】デイリー他、前掲書
【26】ロバート・トリヴァース『生物の社会進化』（産業図書）
【27】デイリー他、前掲書
【28】ランディ・ソーンヒル、クレイグ・パーマー『人はなぜレイプするのか』（青灯社）
【29】ランガム他、前掲書
【30】ソーンヒル他、前掲書
【31】レイン、前掲書
【32】デイリー他、前掲書
【33】ニック・ポータヴィー『幸福の計算式』（CCCメディアハウス）

5章
【34】レイン、前掲書
【35】レイン、前掲書
【36】リチャード・ブランソン『ヴァージン』（CCCメディアハウス）
【37】レイン、前掲書
【38】ロウ、前掲書
【39】以下の記述はレイン、前掲書による。このプログラムは、犯罪をはじめて生物学的に研究した19世紀末のイタリアの医師チェーザレ・ロンブローゾの名にちなんだもので、「殺人に対する法的攻撃態勢――犯罪者の選別のための脳研究作戦」の略でもある。
【40】LP-VはLOMBROSO Positive-Violenceの略。LP-SはSex、LP-HはHomicide（殺人）、後出のLP-PはPartial（部分陽性）。
【41】レイン、前掲書
【42】レイン、前掲書

6章
【43】マシュー・ハーテンステイン『卒アル写真で将来はわかる』（文藝春秋）。以下のデータも同じ
【44】ジョン・マニング『二本指の法則』（早川書房）

7章
【45】ダニエル・S・ハマーメッシュ『美貌格差』（東洋経済新報社）
【46】ナオミ・ウルフ『美の陰謀』（CCCメディアハウス）
【47】ハーテンステイン、前掲書
【48】ウルフ、前掲書

8章
【49】「2年の介護で変わった夫と愛犬さくらと私の関係」PRESIDENT Online（2015年5月10日）
【50】Lisa Belkin「The Opt-Out Revolution」The New York Times Magazine（2003年10月26日）
【51】レナード・サックス『男の子の脳、女の子の脳』（草思社）

【52】サックス、前掲書
【53】ドリーン・キムラ『女の能力、男の能力』（新曜社）
【54】サイモン・バロン＝コーエン『共感する女脳、システム化する男脳』（NHK出版）
【55】スーザン・ピンカー『なぜ女は昇進を拒むのか』（早川書房）
【56】ピンカー、前掲書
【57】ピンカー、前掲書
【58】キャティー・ケイ、クレア・シップマン『なぜ女は男のように自信をもてないのか』（CCCメディアハウス）
【59】サックス、前掲書

9章
【60】ジョン・H・カートライト『進化心理学入門』（新曜社）
【61】リチャード・ドーキンス『利己的な遺伝子』（紀伊國屋書店）
【62】トリヴァース、前掲書
【63】ロビン・ベイカー『精子戦争』（河出文庫）
【64】マリナ・アドシェイド『セックスと恋愛の経済学』（東洋経済新報社）
【65】アドシェイド、前掲書
【66】アドシェイド、前掲書

10章
【67】クリストファー・ライアン、カシルダ・ジェタ『性の進化論』（作品社）
【68】ジョナサン・マーゴリス『みんな、気持ちよかった！』（ヴィレッジブックス）
【69】レイチェル・P・メインズ『ヴァイブレーターの文化史』（論創社）
【70】フランス・ドゥ・ヴァール『政治をするサル』（平凡社ライブラリー）など
【71】ベイカー、前掲書

11章
【72】安藤、前掲書②
【73】ブルース・M・フード『スーパーセンス』（イン

ターシフト）

【74】安藤、前掲書②

【75】図11－1では、てんかんやリューマチ性関節炎は二卵性よりも一卵性のほうがずっとよく似ている。これは、優性遺伝子と劣性遺伝子の組み合わせで症状が現われることがあるからだ。

対立遺伝子のあいだに優性と劣性のちがいがある場合、優性遺伝子がひとつあれば、もう一方の遺伝子が劣性でも、優性の示す形質が発現する。一卵性双生児はすべての遺伝子の対が等しいが、二卵性双生児では2つの遺伝子が同じになる確率は25％で、類似性は一卵性双生児の半分以下になる。

優性や劣性のちがいがなくても、複数の遺伝子が組み合わされてなんらかの形質や症状が発現することがある。この場合も、（二卵性では同じ組み合わせになる確率が下がるのだから）一卵性のほうがずっとよく似ることになる。これを遺伝の累積効果という。

【76】安藤、前掲書①

12章

【77】以下の記述はジュディス・リッチ・ハリス『子育ての大誤解』（早川書房）より

13章

【78】以下の記述はハリス、前掲書より

あとがき

【79】M・S・ガザニガ、J・E・レドゥー『二つの脳と一つの心』（ミネルヴァ書房）

【80】デイヴィッド・リヴィングストン・スミス『うそつきの進化論』（NHK出版）

【81】河合幹雄『日本の殺人』（ちくま新書）

【82】スティーブン・ピンカー『暴力の人類史』（青土社）。ピンカーは同書で、暴力を減少させた5つの歴史的なちからとして、リヴァイアサン（国家と司法制度）、通商、女性化、コスモポリタニズム、理性のエスカレーターを挙げている。

本書は、月刊『波』連載の「残酷すぎる真実」（2015年3月号〜2016年2月号）に加筆を施し、改編しました。

橘 玲　1959年生まれ。作家。小説にデビュー作の『マネーロンダリング』『タックスヘイヴン』、時評に『お金持ちになれる黄金の羽根の拾い方』『(日本人)』『「読まなくてもいい本」の読書案内』など。

Ⓢ新潮新書

663

言《い》ってはいけない
残酷《ざんこく》すぎる真実《しんじつ》

著者　橘《たちばな》 玲《あきら》

2016年4月20日　発行
2025年4月10日　38刷

発行者　佐藤隆信
発行所　株式会社新潮社
〒162-8711　東京都新宿区矢来町71番地
編集部(03)3266-5430　読者係(03)3266-5111
http://www.shinchosha.co.jp

印刷所　錦明印刷株式会社
製本所　錦明印刷株式会社

ISBN978-4-10-610663-7　C0236

価格はカバーに表示してあります。

新潮新書